I0040008

UNIVERSITÉ DE FRANCE — FACULTÉ DE DROIT DE DIJON

# DU
# DROIT DE SUITE
## PAR HYPOTHÈQUE
### EN DROIT ROMAIN ET EN DROIT FRANÇAIS

## THÈSE POUR LE DOCTORAT

SOUTENUE LE 8 JUILLET 1884

### Par Eugène VERNIS

avocat à la cour d'appel

DIJON

IMPRIMERIE ET LITHOGRAPHIE F. CARRÉ

40, rue Amiral-Roussin, 40

1884

UNIVERSITÉ DE FRANCE — FACULTÉ DE DROIT DE DIJON

# DU
# DROIT DE SUITE

## PAR HYPOTHÈQUE

### EN DROIT ROMAIN ET EN DROIT FRANÇAIS

## THÈSE POUR LE DOCTORAT

SOUTENUE LE 8 JUILLET 1884

### Par Eugène VERNIS

avocat à la cour d'appel

## SOUS LA PRÉSIDENCE DE M. VILLEQUEZ

doyen de la Faculté, chevalier de la Légion-d'Honneur

| | | |
|---|---|---|
| *Suffragants* : | MM. MOUCHET.<br>BAILLY,<br>DESSERTEAUX,<br>WEISS, | *professeurs.*<br><br>*agrégé.* |

DIJON

IMPRIMERIE ET LITHOGRAPHIE F. CARRÉ

40, rue Amiral-Roussin, 40

—

1884

A LA MÉMOIRE DE MON PÈRE

A CEUX QUE J'AIME

# DU DROIT DE SUITE

## PAR HYPOTHÈQUE

EN DROIT ROMAIN ET EN DROIT FRANÇAIS

## DROIT ROMAIN

## INTRODUCTION

Toute personne qui s'engage affecte son patrimoine entier à la sûreté de son obligation.

C'est là une des grandes règles consacrées par notre droit et qui nous semble extrêmement logique et naturelle. Si cependant nous étudions la législation romaine, nous voyons qu'à l'origine, on s'inspirait de principes tout différents. Les premiers romains considérant que l'obligation ne crée qu'un lien personnel, décidaient que le créancier ne pouvait avoir action que sur la personne de son débiteur. Ce n'était qu'indirectement et comme conséquence de cet engagement de la personne, qu'il pouvait y avoir un recours sur les biens (1). Voici comment on procédait :

Le créancier non payé poursuivait son débiteur en justice, et prenait jugement contre lui. Celui-ci était alors *judicatus* et devait payer dans un délai de trente jours. Ce temps écoulé, le créancier pouvait user de la *manus injectio;* il se saisissait du débiteur en prononçant les paroles consacrées (2) et le conduisait devant le magistrat.

Là, si le débiteur ne payait pas, et si personne ne répondait pour lui, il était attribué au créancier et prenait le nom d'*addictus.* Le créancier pouvait emmener chez lui l'*addictus,* le faire travailler, le mettre même *in carcere privato* et le charger de chaînes. Si dans les soixante jours qui suivaient l'*addictio,* le débiteur n'avait pas satisfait son créancier, celui-ci avait le droit de le tuer ou de le vendre comme esclave *trans Tiberim.* On a longuement discuté sur la situation juridique de l'*addictus,* nous n'avons pas à examiner ici cette question. Ce que nous avons dit suffit pour établir que le créancier n'avait action que sur la personne du débiteur. Ce n'est qu'au moment où l'*addictus* est vendu que le créancier peut se saisir de son patrimoine, à cause de la *capitis diminutio* qui a lieu ; mais jusque là ce débiteur conservait ses biens puisqu'il pouvait « *de suo vivere,* » dit la loi des XII Tables, et restait capable d'en acquérir d'autres. (3)

_____

(1) La *pignoris capio* était, il est vrai, une voie d'exécution sur les biens; mais on ne l'accordait que dans des cas exceptionnels pour les créances ayant un caractère politique ou religieux.

(2) GAIUS, IV, § 21.

(3) « Erat autem jus interea paciscendi; ac nisi pacti forent ha-

Ce mode d'exécution, on le voit, était extrêmement rigoureux et ne devait guère satisfaire les créanciers. Il dura cependant longtemps. La loi *Pœtilia Paperia* dont nous parlerons bientôt, adoucit beaucoup le sort des *addicti*, mais elle ne supprima pas encore l'exécution contre la personne pour la remplacer par l'exécution sur les biens (1). C'est aux préteurs que revient l'honneur d'avoir fait cette réforme. — S'inspirant des principes admis par le droit public et notamment de la *bonorum sectio*, le préteur *Publius Rutilius* créa la *bonorum venditio*. Cette institution était une véritable exécution sur les biens, et on peut dire qu'à ce moment la législation romaine consacre le principe de l'affectation du patrimoine du débiteur à la sûreté de ses obligations. Les créanciers, en effet, ont le droit de se faire envoyer en possession de tous les biens de leur débiteur, de les vendre aux enchères et de se faire payer sur le prix de vente. C'est là évidemment un progrès, mais les créanciers n'y trouvent pas encore une garantie absolue de paiement. Ils ne peuvent en effet agir individuellement, et poursuivre la réalisation de tel ou tel bien du débiteur au moment qu'ils jugeront le plus favorable ; ils doivent concerter leur

bebantur in vinculis dies sexaginta. Inter eos dies, trinis nundinis continuis ad prætorem in comitium producebantur, quantæque pecuniæ judicati essent prædicabatur. Tertiis autem nundinis capite pœnas dabant aut trans Tiberim peregre venum ibant. » AULU-GELLE, *Nuits attiques*, XX, 1. — Voy. L. 23, D., *Ex quib. caus. maj.*, IV, 6.

(1) Le créancier ne peut plus notamment le charger de chaînes. L'emprisonnement pour dettes persista longtemps, et la contrainte par corps existait encore sous Justinien. Voy. TITE-LIVE, XXIII, 14 ; AULU-GELLE, *Nuits attiques*, XX, 1.

action, ce qui est une entrave pour eux ; vendre en
masse tous les biens, ce qui peut être très contraire à
leurs intérêts. Enfin ils concourent tous ensemble et
ne sont par conséquent jamais certains d'être payés
intégralement. D'autre part le débiteur restait maître
de son patrimoine, libre par conséquent de contracter
de nouvelles dettes, de dissiper ses biens et de rendre
illusoire le droit de ses créanciers (1).

On le voit, cet état de choses était loin d'être parfait, et on conçoit aisément qu'un créancier prudent,
désireux de se mettre à l'abri de l'insolvabilité de son
débiteur, ait pu légitimement désirer des garanties sérieuses. Or, si nous consultons la législation romaine
au point de vue des sûretés qu'elle a offertes aux
créanciers, nous voyons qu'ici aussi elle fut pendant
longtemps avant d'avoir des institutions de nature à
satisfaire aux besoins du crédit. De nos jours, lorsqu'un créancier ne trouve pas une garantie suffisante
dans ce gage général que la loi lui confère sur tous
les biens de son débiteur, il demande à celui-ci de lui
consentir l'affectation spéciale d'un bien déterminé à
la sûreté de sa créance. Ce moyen qui nous semble si
simple n'apparut cependant que tardivement à Rome,
et, comme nous allons le voir, n'y fut jamais bien en
faveur.

A l'époque où l'exécution sur la personne du débiteur était seule possible, on voyait fonctionner comme
mode de garantie une institution basée sur les mêmes
principes. Lorsqu'un débiteur voulait donner une sû-

. (1) On avait créé, il est vrai, l'action paulienne ; mais il faut
bien remarquer qu'elle n'était possible qu'en cas de fraude.

reté à son créancier, il lui engageait sa propre personne par la voie du *nexum*. Le débiteur s'appelait alors *nexus*. Il est difficile de préciser quelle était la situation juridique du *nexus,* et de nombreuses opinions se sont fait jour à ce sujet (1). Mais quelle que soit la solution que l'on adopte, ce qu'il y a de certain, c'est que le créancier avait sur la personne du *nexus* des droits analogues à ceux qu'il avait sur l'*addictus*. Il pouvait se saisir de sa personne, l'enfermer dans sa maison, le faire travailler et le mettre aux fers (2). Or, toutes ces mesures étaient excessives et ne répondaient pas au but que l'on voulait atteindre. Aussi on conçoit aisément qu'entre les mains de certains créanciers, elles aient dû aboutir à des excès odieux, et comme conséquence soulever l'opinion publique et amener une réaction. Ce fut ce qui arriva ; mais entre les années 425 et 435, la Loi *Pœtilia Papiria* vînt modifier cet état de chose. Nous avons vu déjà qu'elle avait adouci le sort des *addicti*, elle fit plus pour les *nexi :* elle les libéra tous (3), et statuant

(1) Il est probable que le *nexus* était un esclave de fait : *liber in servitute*, il n'engageait que son travail. C'est ce qui semble résulter du passage suivant de Varron : « Liber qui suas operas in servitutem pro pecunians quam debet dat, dum solveret, nexus vocatur ut ab ære obæratus » (VARRON, *De ling. lat.*, VII, 105). — On peut consulter l'ouvrage de M. Giraud sur les *Nexi*.

(2) L. 4, § 4, *De stat. lib.*; L. 9, *eod. tit.*; L. 11, *Quib. ad lib. procl.*; L. 27, § 8, XLVIII, 5.

(3) « Pecuniæ creditæ non corpus sed bona debitoris abnoxium. » Voir une Table d'Héraclée qui applique cette loi à la Gaule cisalpine. Elle est rapportée dans l'*Enchiridion* de M. Giraud, p. 616.

pour l'avenir, elle interdit qu'on engageât sa personne pour une obligation contractuelle (1).

Il fallut alors trouver un autre mode de garantie, car, nous l'avons vu, l'exécution sur les biens par la *bonorum venditio* était loin de satisfaire les créanciers. Or, on pouvait à cet effet employer deux moyens : ou bien faire renforcer le bien d'obligation en exigeant qu'un tiers vînt s'engager à côté du débiteur, répondre de sa solvabilité, et au besoin payer pour lui ; ou bien faire affecter d'une façon spéciale tout ou partie du patrimoine du débiteur à la sûreté de son obligation. Dans le premier cas, il y avait une sûreté personnelle ; dans le second, une sûreté réelle. On pratiqua ces deux genres de garanties, mais bien inégalement : la préférence des Romains fut toujours pour les sûretés personnelles.

Le jurisconsulte Sesevola nous rapporte le cas d'un débiteur priant son créancier de se contenter d'une hypothèque au lieu de la caution qui lui avait été promise : « *Mutuatus abs te quingentos denarios rogavi ne sponsorem sed pignus a me acciperes* (2). » Le préteur lui-même dirigeait sa jurisprudence dans ce sens et fortifiait ce courant d'idées de tout le poids de son autorité. Dans les cas où il veut que les plaideurs donnent caution, il n'admet pas la substitution de la sûreté réelle à la sûreté personnelle (3).

_____

(1) On peut consulter sur tous ces points, concernant l'exécution sur les biens, l'ouvrage de M. Tambour, *Des voies d'exécution sur les biens des débiteurs.*

(2) L. 14, § 1, D., *De pign.*, XX, 1.

(3) L. 7, D., *De stip. prœt.*, XLII, 5.

Et cependant, malgré ces tendances certaines du
droit romain, nous voyons des jurisconsultes éminents
nous affirmer que les sûretés réelles sont préférables
aux sûretés personnelles. C'est ce que dit formellement Pomponius : « Plus cautionis in re est, quam in
persona » (L. 25, D., *De reg. jur.*, L. 17).

Comment expliquer cela? faut-il dire que Pomponius s'est trompé? Je ne le crois pas ; mais alors comment se fait-il que les Romains aient préféré et déve-
loppé le système de garanties qui était le moins
favorable ? Voici quelques motifs que l'on peut en
donner. A l'origine, comme nous le verrons bientôt, le
débiteur qui voulait fournir une sûreté réelle à son
créancier devait lui manciper la chose, lui en transférer la propriété ; il en résultait de grands inconvénients qui enlevaient à cette institution ses avantages
pratiques. Plus tard, l'hypothèque fut créée ; mais les
vices de son organisation, sa clandestinité, notamment,
l'empêchèrent d'être l'instrument de crédit qu'elle est
devenue de nos jours. D'autre part, les créanciers,
c'étaient les patriciens qui détenaient presque toute la
propriété foncière ; les débiteurs, c'étaient des plé-
béiens, des artisans qui dans la plupart des cas n'auraient pu fournir l'objet d'une sûreté réelle. Il était donc
bien plus naturel et plus facile de donner des cautions,
surtout que les mœurs, l'organisation de la famille et
de la société s'y prêtaient parfaitement. On considérait
à Rome comme une honte pour un débiteur de laisser
poursuivre une caution (1) et, par suite du lien étroit qui

(1) L'obligation de cautionnement existait aussi entre patron
et clients. TITE-LIVE, lib. 5, n° 32.

unissait tous les membres d'une famille, lorsque l'un d'eux avait besoin d'une caution, les autres se croyaient obligés de se présenter. Enfin, il faut reconnaître que l'influence des vieilles traditions, le souvenir du temps où les voies d'exécution se résumaient surtout dans la contrainte par corps se fit toujours sentir à Rome.

Tels sont les motifs pour lesquels les sûretés personnelles furent toujours en faveur chez les Romains. Les sûretés réelles ne s'y développèrent que lentement et n'atteignirent jamais le même degré de perfectionnement. Leur étude, cependant, ne laisse pas que d'être très intéressante ; mais examiner chacune d'elles en détail serait sortir des limites que comporte ce travail. Aussi nous en avons choisi une, l'hypothèque, et encore ne nous proposons-nous d'étudier qu'un de ses attributs, le droit de suite. Nous ne pouvons cependant isoler complétement ce droit des autres institutions et surtout de celle dont il dérive pour aborder directement l'exposition des règles auxquelles il est soumis. Tout se tient et s'enchaîne dans une législation et dans la législation romaine plus que dans toute autre ; on ne peut montrer une institution sous son véritable jour sans dire quelques mots de celles qui l'ont précédée, qui l'ont amenée sans déterminer sa place dans l'ensemble de la législation. Et plus spécialement lorsqu'il s'agit, comme c'est notre cas, d'étudier non plus une institution entière, mais seulement une de ses parties, il est nécessaire de préciser la place de cette partie dans le tout et d'exposer, d'une façon sommaire, les règles générales de l'institution tout entière.

Notre marche se trouve ainsi tracée. Dans un premier chapitre que nous intitulerons : *Notions générales sur le Droit hypothécaire*, nous rechercherons d'abord les origines de l'hypothèque. A cette occasion, nous dirons quelques mots de la *Fiducia*, du *Pignus* et de la naissance de l'hypothèque. Puis nous donnerons quelques notions générales sur l'hypothèque, sa nature, ses caractères et sa constitution.

Ceci exposé, nous serons en mesure d'aborder le point que nous devons étudier plus spécialement : le droit de suite. Nous verrons qu'il se traduit par la mise en exercice de l'action hypothécaire et de l'interdit Salvien, et nous consacrerons un chapitre à chacune de ces deux voies de droit.

## CHAPITRE I

### Notions générales sur le droit hypothécaire

#### SECTION I

##### Origines de l'hypothèque

La première sûreté réelle dont les Romains se servaient fut la *fiducia* (1); et on peut dire qu'elle est aussi efficace dans sa simplicité qu'antique dans son

(1) On a découvert en 1867, près la ville de Barameda, dans l'Andalousie, une tablette contenant une notable partie de la formule de la *mancipatio fiduciaria*. M. Gide en a donné un commentaire dans la *Revue de législation*, année 1870, p. 74. On la trouve aussi dans l'*Enchiridion* de M. Giraud, p. 655.

origine. A l'époque où nous nous plaçons, on n'admettait pas que la seule convention des parties pût créer des droits réels; aussi lorsqu'un débiteur voulait fournir une sûreté réelle à son créancier, il lui transférait la propriété de sa chose, suivant un des modes ordinaires d'aliénation, puis intervenait un contrat de fiducie par lequel le créancier s'engageait à retransférer au débiteur la propriété de la chose lorsqu'il serait payé (PAUL, *sent. II,* 13, §§ 5 et 7).

Dans cette opération, le créancier trouvait les avantages suivants : Il devenait propriétaire de la chose qui lui était donnée en gage, et par conséquent il avait le droit de la vendre et de se payer sur le prix. S'il venait à la perdre, il pouvait la revendiquer contre tout possesseur, même contre le débiteur; il avait le droit d'en jouir, de percevoir les fruits à titre d'intérêt, de profiter des acquisitions qui en provenaient, sauf imputation sur le capital (PAUL, *II,* 12, § 7); on ne lui permit cependant pas de retenir définitivement la chose à titre de paiement. On craignait, en effet et avec raison, que le créancier n'abusât de sa situation pour se faire céder la chose à vil prix (1).

A côté de ces droits considérables, le créancier avait des obligations résultant de sa qualité de gagiste. Il ne devait pas aliéner avant l'échéance; s'il était payé à cette époque, il devait restituer la chose elle-même. Le débiteur pouvait donc toujours vendre, puisque en offrant le prix au créancier il l'obligeait à lui remettre la chose et se trouvait ainsi en mesure de livrer à

---

(1) PAUL,, *Sent. II,* XIII, §§ 3, 4.

l'acheteur (1). Si le créancier n'était pas remboursé à l'échéance il pouvait alors vendre; il se payait sur le prix et s'il y avait de l'excédant il en devait compte au débiteur. Toutes ces obligations étaient sanctionnées par l'action *fiduciæ directa*.

Telle était la fiducie. Cette institution était évidemment mal équilibrée : Les droits du créancier étaient trop forts, les intérêts du débiteur n'étaient pas suffisamment protégés. A quoi servait en effet au débiteur d'avoir une action personnelle pour demander raison au créancier des dégradations, ou de la vente à vil prix ou avant l'échéance, si le créancier était devenu insolvable? D'ailleurs, la remise de la chose entre les mains du créancier avait encore d'autres inconvénients. Il en résultait pour le débiteur, outre une privation de jouissance, une grave atteinte portée à son crédit. Le débiteur, en effet, en transférant la propriété d'un objet dont la valeur excédait le montant de sa dette, épuisait tout le crédit qu'il pouvait en retirer, puisqu'il lui était dès lors impossible de l'affecter à la sûreté d'aucune autre obligation.

Aussi, pour remédier à ces vices dont on s'était parfaitement rendu compte, on combinait en pratique la fiducie avec d'autres institutions. Il intervenait entre le créancier et le débiteur une convention permettant à celui-ci de conserver sa chose à titre de précaire ou de bail (2). Ces palliatifs étaient encore insuffisants. Le créancier, en effet, pouvait révoquer le précaire *ad nutum*, il continuait ainsi à pouvoir alié-

---

(1) PAUL, *loc. cit.* — L. 6 pr., D., *De pign. act.*, XIII, 7.
(2) GAIUS, II, § 60.

ner la chose engagée, puisque le propriétaire peut faire *mancipatio* ou *cessio in jure* sans avoir la détention. Enfin, on avait admis que le débiteur pouvait recouvrer sa chose, au moyen d'une sorte d'usucapion spéciale qu'on appelait *usureceptio*. Si après le paiement, le créancier ne restituait pas, le débiteur redevenait propriétaire de la chose engagée, à la seule condition qu'il l'ait possédée pendant un an, sans distinguer s'il s'agissait d'un meuble ou d'un immeuble; on admit même que *l'usuréceptio* pourrait avoir lieu quoique le débiteur fût rentré en possession avant d'avoir désintéressé le créancier, pourvu toutefois, que la possession n'eût son origine ni dans le bail ni dans le précaire. Dans ce dernier cas, *l'usureceptio* était dite *lucrativa,* parce qu'elle enrichissait le débiteur au détriment du créancier auquel elle enlevait sa sûreté. Cette solution que l'on admettait malgré ce qu'elle pouvait permettre d'inique, prouve que les Romains se rendaient bien compte que la fiducie dépassait son véritable but, et était trop défavorable au débiteur.

Aussi voyons-nous une autre institution se placer à côté de la fiducie dont elle atténuait quelques uns des effets fâcheux ; je veux parler du *pignus*. Dans le *pignus* le débiteur ne transfert plus la propriété au créancier, il ne lui remet que la possession.

Les droits que le créancier acquiert par le *pignus* sont bien moins grands que ceux que lui donnait la fiducie à l'origine. Le créancier était simplement investi de la possession de la chose jusqu'au paiement, mais sans avoir aucun moyen de la recouvrer, s'il venait à la perdre. Il ne pouvait jouir de la chose sans commettre un *furtum usus ;* il ne pouvait la vendre, même en cas de non-paiement à l'échéance sans le consentement du débiteur (1). Il n'avait donc, à vrai dire, qu'un droit de rétention. Ainsi organisé, le *pignus* n'offrait pas une garantie suffisante aux créanciers ; aussi s'efforça-t-on de le développer de façon à en faire une mesure de crédit qui leur fût plus favorable. A cet effet on accorda d'abord la possession juridique aux créanciers gagistes, on leur permit d'exercer les interdits (2) pour recouvrer la possession s'ils venaient à la perdre. Puis on les admit par la voie de la *procuratio in rem suam* à exercer les actions de leurs débiteurs si ceux-ci voulaient les leur céder.

Mais c'était encore insuffisant. Priver un débiteur de la jouissance de sa chose n'était pas une mesure de crédit sérieuse. Le créancier n'y trouvait pas le moyen d'atteindre son but c'est-à-dire de se faire payer. Il fallait aller plus loin, et lui donner le droit de vendre.

Voici comment on y arriva : On décida d'abord qu'au contrat de gage on pourrait adjoindre un pacte permettant au créancier de vendre en cas de non-paiement à l'échéance, « alienare potest creditori pignus ex pactione » (GAIUS, *inst.* II, § 64). Cette clause étant vue avec faveur, passa dans les mœurs et devint bientôt de style. Lorsqu'elle n'avait pas été formellement exprimée, on la considéra même comme sous-entendue ; cependant on imposait alors une obligation au créancier, il devait faire au débiteur trois significations avant de vendre. On peut dire qu'à ce

---

(1) L. 73, *De furt.*, D., XLVII, 2; *Inst.* IV, 1, § 6 ; *De obig. quœ ex delicit.*

(2) L. 16, D., XLI, 3; L, 26, D., XLI, 2.

moment le droit de vente était devenu de la nature du contrat de gage. On ne s'arrêta pas encore là ; on permit au créancier de vendre malgré toute clause et convention contraire. Le pacte de *non vendendo*, n'avait plus qu'un seul effet, c'était d'obliger le créancier à faire au débiteur les trois significations préalables exigées autrefois pour jouir du droit de vendre. C'est ainsi que le *jus distrahendi* devint de l'essence du contrat de gage (PAUL., *Sent. II*, 5, § 1 ; L. 4, D., *De pignori act*, XIII, 7).

Tel fut le *pignus*. Il avait sur la fiducie cet avantage qu'il ne mettait pas le débiteur à la merci du créancier ; mais il était encore défectueux à bien des points de vue. Il privait le débiteur de la jouissance de sa chose, et cela sans profit pour le créancier puisqu'il ne pouvait en user sans commettre un *furtum usus*. On y remédia, il est vrai, comme dans la fiducie en permetant au débiteur de conserver la chose à titre de bail ou de précaire, mais il y avait toujours cet autre inconvénient d'empêcher le débiteur de faire servir le même objet à la garantie de plusieurs obligations. Si on voulait servir plus efficacement les besoins économiques, il fallait donc créer un instrument de crédit, offrant aux créanciers les avantages des institutions précédentes, sans en avoir les vices que nous avons signalés. Or, Ce progrès fut réalisé le jour où s'affranchissant des entraves de l'ancienne règle « non nudis pactis dominia rerum transferuntur, » on admit le créancier à acquérir un droit réel sur un objet de son débiteur par l'effet d'une simple convention. Le débiteur ne perdait, ni la propriété, ni la possession de sa chose, et le créancier avait une garantie même dans son droit réel. Cette sûreté nouvelle fut appelée l'*hy-pothèque*. Voyons comment on y arriva.

Guidés par l'étymologie (1), du nom dont fut baptisée cette institution, des auteurs ont soutenu que les Romains l'avaient emprunté aux Grecs (2). Cette opinion ne me semble pas exacte et je crois qu'il ne faut pas chercher ailleurs que dans le droit Romain lui-même les origines de l'hypothèque : C'est ce que je vais essayer d'établir.

A une époque très reculée nous trouvons déjà l'hypo-thèque dans le droit public. Il y avait certains cas (3), où l'Etat devenait créancier des particuliers, notamment par suite de l'adjudication aux enchères publiques de la ferme des impôts. Or, l'adjudicataire que l'on appelait *redemptor* ou *manceps* devait fournir des sûretés réelles pour garantir son adjudication. Les immeubles qui devaient être grevés, étaient désignés au magistrat (4) qui les faisait évaluer par des experts nommés *cogni-tores* (5). Faire cette affectation s'appelait *prædia subsi-gnare subdere, in publicum dare, obligare* (6). Le fisc acquérait un véritable droit réel, un droit de suite sur les biens que ses débiteurs avaient grevés à son profit. Si à l'échéance l'obligation n'était point acquittée l'Etat

(1) De deux mots grecs ὑπο τιθέναι.

(2) Je donnerai quelques explications sur ce droit grec dans ma seconde partie, dans le chapitre intitulé : *Historique de la publi-cité du droit de suite.*

(3) TITE-LIVE, VII, 25; XXII, 60; TACITE, *Annales*, VI, 17.

(4) Voy. : *Lex Thoria agraria*, cap. xxxv; *Enchiridion* de M. Gi-raud, p. 590. — *Lex Malacitana*, cap. LX; *Enchiridion*, p. 634.

(5) Voy. : *Lex Malacitana*, cap. VI; *Enchiridion*, p. 635 et suiv.

(6) Voy. : *Lex Thoria agraria*, cap. XX, XXI, XXXV, XLI, LI; *En-chiridion*, p. 586 et suiv.

faisait mettre en vente sa créance avec les sûretés qui y étaient attachées.

On a dit que cette garantie de la *prœdiorum subsignatio,* n'était autre chose qu'une fiducie. Cette opinion ne me semble pas exacte. On ne conçoit guère l'application des formalités de la fiducie entre l'Etat et un particulier. Il faut bien le reconnaître, il y avait là un engagement d'un *prœdium* par suite d'une simple convention. Cette convention, conférant à l'Etat le droit de saisie et vendre les biens du débiteur sans transfert ni de propriété, ni de possession, était donc en réalité une hypothèque. Ce n'est du reste pas le seul cas où nous voyons le droit public devancer le droit privé. Il avait été, en effet, le premier à pratiquer le *pignoris capio* pour les créances ayant un caractère politique, et le premier à permettre l'exécution forcée sur les biens du débiteur par la *bonarum sectio* ; il n'y a donc rien de surprenant à dire qu'il fût le premier à se servir de l'hypothèque.

Si maintenant nous étendons nos recherches en droit privé, nous y trouvons aussi des germes d'où nous allons voir naître l'hypothèque. Nous avons vu que dans le *pignus* dont nous avons parlé et que l'on appelait *pignus depositum* (1), le créancier prenait possession de la chose dès le jour de la formation du contrat. Mais il arrivait parfois que le créancier consentait à différer la prise de possession jusqu'au jour de l'échéance, s'il n'était pas payé. Il y avait alors un

(1) « Depositum est pignus commendatum ad tempus quasi diu positum..... » Isidore, *Origin.*, V, 25. — Voy. Paul, lib. II, tit. 4, *De commodato et* deposito *pignore*, et lib. II, tit. 5, § 1.

*pignus suppositum* ou *oppositum.* Or, si on veut examiner cette convention, on voit qu'en définitive elle n'est pas autre chose qu'une hypothèque, puisqu'elle confère un droit de gage sans possession. C'était une mesure, au point de vue du crédit, évidemment supérieure au *pignus depositum*, mais qui ne pouvait être sanctionnée par le droit civil. Aussi voyons-nous les Romains procéder ici selon leur habitude. Lorsqu'ils veulent adopter une réforme, dont ils reconnaissent toute l'utilité pratique, sans cependant rompre ouvertement avec les anciennes traditions, ils ont recours à une sorte de subterfuge : ils demandent au préteur d'intervenir et et d'accorder la sanction que refuse le droit civil. C'est ce qui arriva ici.

Les inconvénients de la *fiducia* et du *pignus depositum* se faisaient surtout sentir dans les rapports du bailleur et du fermier. N'ayant, en effet, d'autres biens que ses outils et instruments aratoires, le fermier qui voulait donner une sûreté réelle ne pouvait le faire qu'en engageant son matériel d'exploitation. Or, cette affectation intervenant dans les formes que nous avons vues, le mettait à peu près dans l'impossibilité de cultiver. Que, si au contraire, on employait le *pignus oppositum*, il y avait grand avantage pour le fermier, puisqu'il n'y avait aucun dessaisissement de sa part. Aussi ce genre de garantie s'était répandu de bonne heure. Caton nous indique comment on procédait.

Le fermier promettait avec caution à son bailleur de payer à l'échéance, puis on ajoutait une clause conçue à peu près ainsi : « Idibus solvito. Recte hæc dari fierique satisque dari domino, aut cui jusserit, promitto satisque dato arbitratu domini. Donicum solutum erit

aut ita satis datum erit quæ in fundo illata erunt
pignori sunto. Ne quid eorum de fundo deportato. Si
quid deportaverit domini esto (1). » Lorsque le fermier
payait, la clause était sans objet, mais s'il n'exécutait
pas ses obligations, s'il enlevait les meubles, *illata*, le
créancier était autorisé par la convention à les saisir.
Les moyens d'agir ne pouvaient, je l'ai dit, être four-
nis au créancier par le droit civil, mais le préteur représentant de l'équité et du progrès, ne pouvait refuser
son intervention dans une mesure si favorable au crédit public. Un préteur du nom de Salvius (2) créa un
interdit, qui prit son nom, par lequel il permettait au
bailleur de s'emparer des *invecta et illata*, soit dans
la ferme, soit partout ailleurs.

L'interdit Salvien fut déjà un progrès. Mais il n'était
pas suffisant; cet interdit, en effet, était *adipiscendæ
possessionis*, comme nous le verrons plus tard, et, par
conséquent, le bailleur ne pouvait plus s'en servir si
après en avoir usé pour obtenir la possession il avait
ensuite subi une dépossession ; d'autre part, il y avait
l'inconvénient des chances pénales et la procédure.

Aussi un autre prêteur du nom de Servius (3) alla-
t-il plus loin, en conférant au bailleur une action *in rem*
pour revendiquer les *invecta et illata*.

Ce procédé qui donnait au bailleur des avantages

(1) CATON, *De re rustica*, cap. CXLVI et seq.
(2) On ignore quel est ce préteur. Cujas croit que c'est Selvius
Julianus, mais rien ne justifie cette supposition.
(3) On ignore aussi quel est ce préteur. Des auteurs pensent que
c'est Servius Sulpicius, contemporain de Cicéron ; mais cette opinion ne me semble pas fondée, parce que l'hypothèque existait
déjà à l'époque où vivait Cicéron.

presque aussi grands que ceux qu'il aurait pu trouver
dans la fiducie, sans faire subir au fermier les ennuis
de celle-ci, fut très apprécié. On pensa immédiatement
à développer le principe qu'il contenait, à étendre par
voie d'analogie son domaine d'application. On ne res-
treignit plus l'action servienne au seul cas du bail d'un
*prœdium rusticum,* pour protéger le gage du bailleur
sur les *invecta et illata.* Sous le nom de *quasi-ser-
viano,* de *serviana utilis* quelquefois même de *pigneratitia in rem* puis enfin d'*hypothecaria* (1) on la donna
d'abord à tout bailleur, puis à tout créancier gagiste ;
elle servit à garantir tous les objets donnés en gage
qu'il y ait eu ou non transfert de possession.

Telles furent les origines de l'hypothèque. Pour opérer cette transformation à laquelle nous venons d'as-
sister, il fallut bien des années ; ce n'est que peu à peu
qu'on y arriva. Il n'est pas, en effet, dans le génie du
droit romain d'abroger d'un trait de plume des institutions entières, pour les remplacer par d'autres, créées
de toutes pièces ; ce n'est qu'insensiblement que dis-
paraissent les vieilles traditions, minées par le progrès, pour faire place à des institutions nouvelles,
conformes au développement de la civilisation et aux
besoins nouveaux. On peut dire qu'il y a eu évolution
continue dans le droit romain ; jamais il n'y a eu révolution. Soutenir que l'hypothèque fut importée un beau
jour de Grèce à Rome serait donc tout d'abord un fait
insolite, et qui devrait être corroboré par les preuves les
plus sérieuses. Or, ces preuves on ne les fournit pas. Tout

(1) L. 29, D., *Fam. ercis.,* X, 2; L. 3, § 3, D., *Ad exhibendum,* X,
4; L. 7, § 12, D., *Cum. divid.,* X, 3.

ce que l'on invoque c'est un passage (1) de Cicéron où il emploie le mot « *hypotheca* » et on en conclut que le mot étant grec, la chose qu'il désigne doit l'être aussi. Ce n'est pas mon avis. Il ne se dégage de ce texte qu'une chose, c'est qu'à l'époque de Cicéron la convention d'hypothèque existait déjà. Que ce soit ce jurisconsulte qui l'ai baptisé, je le veux bien ; on ne trouvera même là rien d'extraordinaire si on se souvient qu'il écrivait un jour à Atticus qu'il aurait donné toute sa gloire d'orateur et d'homme d'Etat romain pour celle de philosophe grec.

Il est donc beaucoup plus conforme au génie romain de penser que l'hypothèque est née à Rome. Du reste, il nous est facile d'établir sa généalogie : ce sera comme le résumé de ce que nous avons dit. On voit tout d'abord apparaître la fiducie consistant dans le transfert de la propriété de la chose donnée en gage. Les droits exorbitants qui en découlent, les dangers qu'elle offre pour le débiteur, ses vices, comme instrument de crédit, doivent faire naître une autre institution. On crée alors le *pignus depositum* qui ne porte que sur la possession, ne confère que les interdits, mais laisse la propriété au débiteur et ne le met pas à la merci de son créancier. Enfin, suivant les errements du Droit public, pour qui la *fiducia* était impraticable, le préteur admet dans un cas particulier un droit de gage indépendant du transfert et de la propriété et même de la possession parfait par le seul effet de la convention.

(1) « Philotes Ala badensis ὑποθήκας, Cluvio dedit. Hec commissæ sunt Velim cures ut aut hypothecis decedat aut pecuniam tradet. » Cicéron., *Ad fam.*, XII, 56.

Puis le procédé ayant été trouvé avantageux, on le développe, on le pose en principe et l'hypothèque est créée. Telle est l'histoire de l'hypothèque. Pour expliquer son admission à Rome, il n'est donc pas besoin d'avoir recours à des législations étrangères : elle n'est que le résultat du perfectionnement des institutions antérieures.

Ses avantages pour celles-ci sont évidents après ce que nous avons dit. Le débiteur n'est plus obligé de se dessaisir de la propriété ni même de la possession de la chose ; il n'est plus exposé à perdre son bien par suite de l'abus que le créancier pourrait faire de ses droits; il voit son crédit se développer, il peut affecter le même objet à la garantie de plusieurs obligations. D'autre part le créancier est efficacement protégé, il a une action *in rem,* qui lui permet d'atteindre la chose, partout où elle se trouve, pour la faire vendre et se payer sur le prix. Ce n'est pas à dire cependant, qu'aussitôt après l'apparition de l'hypothèque les autres institutions qui l'avaient précédée disparurent. La *fiducia* tomba peu à peu en désuétude. On en trouve les dernières traces dans le Code théodosien (1). Quant au *pignus* il persista encore, et dans certains cas particuliers il était même plus avantageux pour le créancier puisqu'il supposait, en effet, la translation immédiate de la possession. Le créancier pouvait donc mieux surveiller son gage, ayant pour le conserver et le recouvrer toutes les armes que la législation donnait aux possesseurs.

_____

(1) Loi d'Honorius (395); L. 19, C. Théod., XV, 14. — Saint Ambroise en parle aussi : *De Tobia,* 12; de même, Sidoine Apollinaire, *Epist,* IV, 24.

Mais, d'autre part, le *pignus* renfermait tous les éléments de l'hypothèque ; il avait même quelque chose de plus que celle-ci : la possession. On trouva donc tout naturel d'accorder au gage la sanction de l'action réelle que l'on donnait à la simple convention d'hypothèque. C'est ainsi que l'on admit que tout gage renfermait une hypothèque et que Justinien a pu dire : « Inter pignus et hypothecam quantum ad hypothecariam actionem attinet nihil interest (1). » De même que Marcien avait dit : « Inter pignus et hypothecam tantum nominis nosus differt. » Cependant il y eut toujours une différence au point de vue du droit, puisque le gage supposait la remise à la possession; de même qu'en fait, leur domaine était distinct, car on appliquait plus spécialement l'hypothèque aux immeubles et le gage aux meubles ; enfin les choses futures, les biens à venir, n'étaient susceptibles que d'hypothèques.

Si nous apprécions maintenant l'hypothèque au point de vue économique, nous voyons qu'elle ne fut jamais à Rome l'instrument de crédit qu'elle est devenue de nos jours. Cela tient à ce que jamais on ne la soumit à aucune condition de publicité. Aussi le créancier pouvait craindre sans cesse d'être primé par des hypothèques antérieures ; les tiers qui acquéraient des immeubles n'étaient jamais certains de les conserver, ils étaient sans cesse exposés à voir des créanciers hypothécaires venir réclamer leur gage, et ils ne trouvaient dans la législation aucun moyen analogue à notre

---

(1) *Instit. IV, De action,*, VI, § 7; Voy. L. 5, § 1, D., XX, 1, *De pign. et hypoth.*; L. 9, § 2, *De pign. act.*. XIII, 7.

purge qui les mît à l'abri de toute poursuite, après le
paiement intégral de leur prix. Quant au débiteur, son
crédit ne pouvait être bien grand, puisqu'il ne pouvait
offrir aucune sécurité ni à ses créanciers, ni à ses
acquéreurs. On se rendit bien compte de ces vices, et
on chercha à y remédier. Mais les moyens que l'on
employa étaient insuffisants. C'est ainsi qu'on punit
sous le nom de stellionat (1) la dissimulation du
débiteur, et qu'on frappa des peines en faux l'antidote
en matière d'hypothèques. Enfin, l'empereur Léon
(L. 11, Code théod. ; *Qui potiores*, VIII, 18) décida que
les écrits prisés constitutifs d'hypothèques ne prévau-
draient pas contre les actes publics, ou ceux qui seraient réputés tels, parce qu'ils porteraient la signature
d'au moins trois témoins dignes de foi.

## SECTION II

### Caractères généraux de l'hypothèque

Nous n'avons pas l'intention d'étudier dans cette
section et dans la suivante d'une façon approfondie les
règles auxquelles l'hypothèque était soumise en droit
romain ; nous voulons simplement poser quelques
principes généraux et donner quelques notions som-

(1) Le stellionat, chez les Romains, comprenait tous les faits
d'escroquerie et d'abus de confiance qui ne tombaient pas sous
l'application d'une disposition positive et précise du droit pénal.
Voy. : L. 3, § 1, D., XLVII, 20; L. 4, *eod. tit.*; L. 1, § 2; L. 16, § 1,
XIII, 7. — « Stellionatum autem objici posse his qui dolo quid fe-
cerunt. » — « De parjurio si sua pignora esse quis in instrumento
juravit crimen stellionatus sit. »

maires. Nous pourrons ainsi exposer d'une façon plus claire et plus rapide la théorie de l'action hypothécaire, n'étant pas obligés de nous arrêter pour traiter des questions qui ne rentrent qu'incidemment dans notre sujet et dont la connaissance est cependant nécessaire.

Les principaux caractères de l'hypothèque sont les suivants :

1° L'hypothèque est un droit réel (1) sur une chose affectée au paiement d'une créance. De ce caractère de droit réel, il résulte que c'est la chose grevée elle-même qui garantit l'obligation ; le créancier pourra donc la suivre partout où elle passera pour la saisir et la faire vendre (2), il ne pourra se voir opposer les droits que le détenteur aurait acquis postérieurement au sien, comme à l'inverse il ne pourra rien exiger de ce dernier, sinon de ne pas mettre d'obstacles à l'exercice du droit hypothécaire.

2° L'hypothèque frappe la chose grevée elle-même et tous ses accessoires, tels que fruits ou produits (3). Si donc elle porte sur un terrain riverain d'un cours d'eau, elle s'étendra aux alluvions ; si elle est constituée sur une nue-propriété, elle atteindra l'usufruit le jour où il fera retour à la propriété. En ce qui concerne les fruits proprement dits, il faut bien remarquer que tant qu'ils n'ont pas acquis une existence individuelle, ils ne sont que des choses futures ; par conséquent, ils ne seront soumis à l'hypothèque que s'ils

---

(1) L. 19 pr., D., *De domno infect.*, XXXIX, 2; L. 30, D., *De noxal. act.*, IX, 4.

(2) L. 18, § 2, D., *De pign. act.*, XIII, 7.

(3) L. 18, § 1, D., *De pign. act.*, XIII, 7; L. 21, *eod. tit.*; L. 29, § 1, D., *De pign. et hypoth.*, XX, 1.

appartiennent au constituant au jour de leur séparation de la chose qui les a produits.

3° L'hypothèque est un droit indivisible, c'est-à-dire
qu'elle porte sur toutes les parties de la chose et sur
chacune d'elle jusqu'à l'acquittement intégral de la
dette (1). De là, il résulte que si le propriétaire aliène
la chose par parcelles, chaque acquéreur est tenu hypothécairement de la totalité de la dette. Il en est de
même toutes les fois que, d'une manière quelconque,
la chose deviendra indivise entre plusieurs coproprié-
taires (2). Si le créancier meurt laissant plusieurs héritiers, et que l'un d'eux reçoive la part qui lui revient
dans la créance, la chose demeure affectée pour le
tout à la sûreté des autres 3). Inversement, si c'est
le débiteur qui meurt laissant plusieurs héritiers,
l'acquittement par l'un d'eux de sa part personnelle ne dégrève pas la chose pour une fraction correspondante (4).

Tels sont les caractères généraux de l'hypothèque.
Nous pouvons voir maintenant que, grâce à cette garantie, le créancier n'a pas à craindre les dangers que
nous signalions dans notre introduction et auxquels il
eut été exposé s'il n'avait eu que son droit de gage général. Il n'a pas, en effet, à redouter de nouvelles
dettes qui lui feraient subir le concours d'autres
créanciers postérieurs, il n'a pas à s'inquiéter des alié-

---

(1) L. 8, § 2, et L. 11, § 3, D., *De pign. act.*, XIII, 7; L 19 D.,
*De pign. et hypoth.*, XX, 1; L. 65, D., *De evict.*, XXI. 2.

(2) L. 2, C., *Si unus ex plur.*, VIII, 32.

(3) L. 16, *eod tit.*

(4) L. 8, § 2, D., *De pign. act.*, XIII, 7.

nations que fera son débiteur ; enfin il n'a pas à se concerter avec les autres créanciers pour procéder à une vente en masse. Son hypothèque lui permet de suivre le bien qui est sa garantie partout où il passera, de le faire vendre lorsqu'il le jugera bon, et enfin de se faire payer sur le prix à en provenir par préférence à tous autres : on résume ces avantages de l'hypothèque en disant qu'elle confère au créancier un triple droit de préférence, de suite et de vente.

## SECTION III

### De la Constitution d'Hypothèque

L'hypothèque exige, pour la validité de sa constitution, quatre conditions :

1° Une obligation principale ;

2° Une chose capable d'être vendue ;

3° La qualité de propriétaire et la capacité d'aliéner en la personne du constituant ;

4° L'emploi d'un mode légal de constitution.

Reprenons successivement ces conditions, et donnons quelques détails sur chacune d'elles.

1° *Obligation principale.* — L'hypothèque est destinée à garantir une dette, elle est un droit accessoire, et par conséquent elle supporte avant tout l'existence d'une obligation principale (1). Peu importe, du reste,

(1) L. 1, C., *Si pign. conv.*, VIII, 33; L. 9, § 1, D., *De pign. act.*, XIII, 7.

la source d'où provient cette obligation ; qu'elle soit civile ou simplement naturelle (1). Tout ce qu'on demande, c'est que la loi ne l'annule pas : ainsi on ne pourrait constituer une hypothèque pour garantir une promesse d'intérêts usuraires (2). L'obligation principale peut être présente, future ou conditionnelle (3). Dans le cas d'une dette conditionnelle, l'hypothèque n'existera que si la condition se réalise, mais alors elle rétroagira au jour de sa constitution (4). Enfin, il n'est pas nécessaire que la dette à garantir soit née du chef du constituant, il est passible d'affecter sa chose à la sûreté d'une dette d'autrui (5).

2° *Une chose capable d'être vendue.* — Le but de l'hypothèque est de fournir au créancier une garantie dont l'efficacité se manifeste par la vente de la chose engagée ; on est ainsi arrivé à permettre la constitution d'une hypothèque sur toute chose susceptible d'être vendue. L'hypothèque pourra donc grever tous les objets corporels, meubles ou immeubles, à la seule condition qu'ils soient dans le commerce. Elle pourra porter aussi sur des choses incorporelles : ainsi un copropriétaire peut engager son droit indivis (6) ; l'em-

---

(1) « Re hypothecæ dari posse sciendum est pro quacumque obligatione..... vel pro civili, vel tantum naturali. » L. 5, D., *De pign.*, XX, 1; L. 14. § 1, D., *eod. tit.*; L. 13 pr., D., XII. 6; L. 9 pr., D., *De senat. Maced.*, XIV, 6; L. 2, D., XX, 3, *Quæ res pign. datæ.*

(2) L. 11, § 3, D., *De pign. act.*, XIII, 7; LL. 4 et 22, C., *De usuris*, IV, 32.

(3) L. 5, D., *De pign. et hypoth.*, XX, I; L. 13, § 5, *eod. tit.*

(4) L. 11, § 1 D., *Qui potiores*, XX, 4. « Cum enim semel conditio exstitit, proinde habetur, ac si illo tempore, quo stipulatio interposita est, sine conditione facta esset. »

(5) L. 5, § 2, *De pign.*, D., XX, 1.

(6) L. 6, § 8 et § 9, D., *Com. divid.*, X, 3.

phytéote et le superficiaire peuvent hypothéquer leurs
droits réels (1) ; l'usufruitier peut engager l'exercice
de son usufruit, et l'on admet même la création d'un
droit d'usufruit à titre de gage (2). Mais on n'admettait pas l'hypothèque d'un droit d'usage ou d'habitation, parce que ces droits sont incessibles et doivent
être exercés par le titulaire lui-même (3) ; quant aux
servitudes, pouvaient-elles être hypothéquées ? Il est
certain que si j'acquiers une hypothèque sur un fonds
au profit duquel existent des servitudes, mon hypothèque les atteindra. Aussi là n'est pas la question. Il
s'agit de savoir si on peut hypothéquer une servitude
seule, indépendamment du fonds qu'elle grève.

Marcien nous répond que les servitudes urbaines ne
peuvent être hypothéquées : « jura prædiorum in bonorum pignori dari non possunt. » (4) Quant aux servitudes rurales elles sont au contraire susceptibles
d'hypothèques : « sed an viæ, itineris, actus aquæ
ductus, pignoris conventio locum habeat, videndum
esse Pomponius ait, ut talis pactio fiat, ut, quamdiu
pecunia soluta non sit, eis servitutibus creditor uta-
tur, scilicet si vicinum fundum habeat ; et, si intra
diem certum pecunia soluta non sit, vendere eas vici-
no liceat. Quæ sententia, propter utilitatem contrahen-

---

(1) L. 16, § 2, D., *De pign. act.*, XIII, 7; L. 13, § 3, D., *De pign.
et hypoth.*, XX, 1.

(2) L. 11, § 2, et L. 15, D., *De pign et hypoth.*, XX, 1; L. 8 pr.,
D., *Quib mod. pign. solv.*, XX, 6.

(3) « Is qui ædium usum habet..... non hoc jus ad alium trans-
ferre potest et vix receptum esse videtur ut hospitem ei recipere
liceat. » *Inst. Just.*, lib. II, tit. 5, *De usu et habit*, § 2.

(4) L. 11, § 3, D., *De pign. et hypoth.*, XX, 1.

tium, admittenda est. » (1) Or, des difficultés se sont
élevées sur la manière d'entendre ce texte, pour savoir
en quoi consiste le droit du créancier hypothécaire.
Voici l'interprétation que nous admettons : un débiteur a un immeuble au profit duquel *existe* une servitude, il pourra la donner en gage à son créancier si
celui-ci a un fonds voisin du fonds servant. Cette convention aura pour résultat de conférer au créancier
le droit de jouir de la servitude jusqu'au jour de
l'échéance, et après l'échéance le droit d'en vendre
l'exercice à un voisin et de se payer sur le prix. Mais
cette interprétation a été combattue. Des auteurs pensent en effet, que l'hypothèque d'une servitude est
le droit qu'aurait le créancier, en attendant l'aché-
ance, d'exercer sur le fonds libre de son débiteur
une servitude qui n'existe pas encore. Puis après
l'échéance le créancier constituerait sur le fonds du
débiteur une servitude qu'il vendrait à un voisin,
moyennant un prix sur lequel il se rembourserait.
Cette opinion se ramenait donc en définitive à un mandat donné au créancier de constituer une servitude
sur le fonds du mandant, c'est-à-dire du débiteur.

Cette interprétation ne nous semble pas exacte pour
les motifs suivants. Nous remarquerons tout d'abord,
que le texte qui précède celui que nous expliquons,
traite la question de savoir si l'usufruit déjà séparé
de la propriété peut être hypothéqué (L. 12, § 2, 20, 1).
Rien n'est donc plus naturel que de supposer que c'est
la même question qui est posée dans le texte suivant
relativement aux servitudes prédiales. En second lieu

(2) L. 12, D., *eod. tit.*

on ne voit pas pourquoi le jurisconsulte exigeait que
le créancier fut propriétaire d'un fonds voisin s'il ne
s'agissait que de l'autoriser à créer une servitude au
profit d'un tiers. Cette condition s'explique très bien au
contraire si on suppose avec nous qu'il s'agit d'une
servitude existant déjà et dont le débiteur propriétaire
du fonds dominant veut faire profiter son créancier.

Parmi les choses incorporelles qui pouvaient encore
être hypothéquées, il nous reste à signaler les droits
de créances et les droits de gage et d'hypothèque eux-
mêmes. Nous allons rechercher quels sont les avantages que ces engagements confèrent au créancier, puis
nous caractériserons le droit qui en résulte pour celui-
ci. Nous acquerrons ainsi les éléments de solution
pour résoudre dans notre chapitre suivant la question
de savoir si le titulaire d'un *pignus nominis* ou d'un
*pignus pignoris* a l'action hypothécaire.

Il ressort des textes (1) que le *pignus nominis* confère au créancier les droits suivants : le créancier a
le droit de vendre la créance qui lui est donnée en
garantie et de se payer sur le prix de vente. Il peut
aussi se faire payer par le débiteur cédé; et lorsque celui-
ci a été averti de l'engagement dont sa dette a été
l'objet il ne doit pas payer à son créancier originaire,
mais au créancier hypothécaire seul. Si la dette avait
pour objet de l'argent lorsque le créancier reçoit le
paiement du débiteur cédé, il peut garder cet argent
jusqu'à concurrence du montant de son droit ; si la

---

(1) L. 18 pr., D., *De Pign. act.*, XIII, 7; L. 20, D., *De pign. et
hypoth.*, XX, 1; L. 4, C., *Quœ res pign.*, VIII, 17; L. 7, C., *De he-
redit. vel act. vend.*, IV, 39.

dette avait pour objet un autre chose il acquerrait sur elle un droit de gage (L. 18, D., XIII, 7). Tels sont les avantages que l'engagement d'une créance confère au créancier hypothécaire. Si nous voulions les comparer à ceux que la cession de créance attribue au cessionnaire, nous verrions qu'ils sont identiques. Nous pouvons donc conclure de là que l'hypothèque d'une créance n'est pas une véritable hypothèque, mais est en réalité une cession de créance en garantie. Il serait du reste difficile qu'il en fût autrement ; une créance ne saurait pas comporter une véritable affectation hypothécaire. C'est ce dont il est aisé de se convaincre.

A l'origine, nous l'avons vu, le gage consistait simplement dans l'attribution au créancier de la possession de la chose ; le débiteur se trouvait contraint de payer pour rentrer en possession de son bien. Plus tard, on permit au créancier de vendre la chose pour se payer si le débiteur ne le remboursait pas spontanément. Puis on a diminué la perte imposée au débiteur sans porter atteinte à la sécurité du créancier ; et on est ainsi arrivé à l'hypothèque. On admit alors que tout élément ou patrimoine consistant en un droit cessible, en une chose vénale pourrait devenir un instrument de garantie, une assurance de paiement. Quant à la mise en pratique du procédé d'application, il fallut nécessairement varier selon la nature de la chose cédée en garantie. Pour les choses corporelles on adopta la mise en possession du créancier, on permit même de retarder la mise de possession jusqu'au jour de l'échéance en attribuant au créancier, comme moyen de protection, une action *in rem* qu'il pouvait diriger contre tout détenteur, voire même contre le propriétaire. Pour les créances, il est évident que ce procédé n'était pas applicable. Une créance ne comporte pas, à proprement parler, une mise en possession. L'effet de l'engagement de la créance ne doit pas être retardé jusqu'à l'exigibilité de la dette garantie, car la créance peut disparaître d'un moment à l'autre par un paiement volontaire. Nous nous éloignons donc de l'hypothèque par la nécessité de procurer au créancier une investiture immédiate de la créance engagée, non moins que par l'impossibité de concevoir une action *in rem*. Nous ne pouvons même appliquer purement les règles du *pignus* avec sa mise en possession sans aucune transmission de la propriété. Il faut que le créancier ait sans retard l'exercice entier de la créance, le droit d'exiger les intérêts, le droit de s'opposer à tout paiement en d'autres mains que les siennes (1), le droit de toucher les intérêts et de recevoir le capital dû avant même l'échéance de la dette garantie (2). Le paiement effectué, la sûreté se transformera selon la nature de la chose donnée en paiement (3). Comment réaliser ces résultats si différents de ceux d'une affectation hypothécaire ? par un procédé différent ; non par un démembrement, non par un droit de mise en possession différée, mais par une attribution complète des attributs de la créance : en d'autres termes par une cession de la créance, cession en garantie.

(1) L. 4, C., *Quæ res pign.*, VIII, 17.
(2) L. 18, D., 13, 7.
(3) L. 18 *in fine*, D., XIII, 7.

Il faut donc dire que le débiteur qui donne une
créance comme sûreté à son créancier ne lui confère
pas une véritable hypothèque, mais lui fait une cession
en garantie (1).

Examinons maintenant le *pignus pignori datum*. Un
créancier qui a un gage ou une hypothèque pour sûreté de sa créance peut, s'il est lui-même débiteur,
donner à son créancier son droit de gage ou d'hypothèque comme sûreté de sa dette ; on dit alors qu'il y a
*pignus pignori datum* (2). Les effets de cette convention sont les suivants : Le constituant est réputé avoir
cédé à son créancier tous ses droits et actions sur la
créance engagée et l'avoir subrogé dans ses droits
hypothécaires (L. 13, § 2, D., *De pign. et hypoth.*, XX, 1).

Il résulte de là que le second créancier pourra intenter contre le débiteur originaire toutes les actions
qu'avait le constituant, il jouira de tous les avantages
que lui eût conféré un *pignus nominis*. Il pourra exercer l'action hypothécaire du créancier originaire. De
plus, si le débiteur originaire doit une chose corporelle et en effectue la remise entre les mains du second
créancier celui-ci acquerra par elle une véritable hypothèque en son propre nom : « Si vero corpus is
« debuerit et solverit, pignoris loco futurum apud
« secundum creditorem. » Le *pignus pignoris* est en
réalité plutôt une cession d'hypothèque, cession en
garantie, plutôt qu'une véritable hypothèque. Ce sont
les droits hypothécaires du constituant que le second

(1) Voy. Machelard, *Dissertations de droit romain et de droit français.*
(2) LL. 1 et 2, C., *Si pignus pignori datum*, VIII, 24.

V. 3

créancier exerce, par conséquent il ne pourra agir
contre le débiteur originaire que jusqu'à concurrence
de ce que doit celui-ci. Ainsi Primus créancier hypothécaire de trente sous d'or, m'en doit quarante et
m'affecte son droit d'hypothèque sur le fonds cornélien.
Quelque prix que donne la vente du fonds, mon droit
de préférence sera limité au maximum de trente sous
d'or, parce que Primus n'a pas pu me céder un droit
plus fort que le sien. Si au contraire mon hypothèque
portait sur la chose elle-même, je pourrais en absorber
le prix jusqu'à concurrence du chiffre de ma propre
créance.

3° *Le constituant doit être propriétaire et capable
d'aliéner.* — Les Romains exigeaient que le constituant fût propriétaire de la chose grevée au moment
où intervenait la convention d'hypothèque (1). Il n'en
était pas de même en matière de vente, où l'on admettait la validité de la vente de la chose d'autrui (2).
Cette différence, qui frappe tout d'abord, n'a cependant
rien qui doive nous étonner. La vente, en effet, ne ten-
dait qu'à créer des obligations ; l'acheteur ne devenait
jamais que créancier, soit que l'objet de la vente appartînt
ou non au vendeur, et on conçoit parfaitement que l'on
puisse être créancier d'une chose n'appartenant pas au
débiteur. La convention d'hypothèque, au contraire,
confère au créancier un *droit réel,* il était donc naturel de décider qu'elle ne serait pas possible, lorsque le
débiteur n'aurait pas le droit de disposer de la chose
qu'il avait voulu affecter (3).

(1) L. 3 pr., D., *De pign. et hypoth.,* XX, 1.
(2) L. 28, D., *De contrah, empt.,* XVIII, 1.
(3) L. 6, C., *Si alien. res,* VIII, 16.

On admettait cependant la validité de l'hypothèque d'une chose n'appartenant pas au constituant, lorsque le *Dominus* avait autorisé ou ratifié l'engagement (1), ou même lorsque, par son silence frauduleux, il avait souffert qu'on induisît en erreur le créancier (2).

On n'annulait pas non plus l'hypothèque portant sur une chose dont le constituant n'était que créancier (3), sur des biens à venir (4), ou sur un objet que le débiteur se proposait d'acquérir et qu'il affectait par anticipation pour le cas où il deviendrait propriétaire (5). On décidait que, dans ces cas, l'hypothèque était conditionnelle, son existence étant subordonnée à l'acquisition réalisée par le débiteur.

En dehors de ces hypothèses, il est certain que la convention d'hypothèque était absolument nulle lorsqu'elle avait pour objet la chose d'autrui. Et cependant lorsqu'on parcourt les textes, on voit les jurisconsultes se demander si à raison de certaines circonstances particulières, on ne peut pas faire produire des effets à l'hypothèque de la chose d'autrui. Ainsi : 1º Le constituant devient plus tard propriétaire de la chose. Papinien (d. 1. D., XX. 1) distingue entre le créancier qui possède et le créancier qui ne possède pas. Lorsque le créancier possède, il pourra retenir la chose ; la reven-

---

(1) L. 16, § 1, D., *De pign. et hypoth.*, XX, 1.

(2) L. 2, C., *Si alien. res*, VIII. 16.

(3) L. 1, D., *De pign. et hypoth.*, XX, 1.

(4) L. 15, § 1, D., *De pign. et hypoth.*, XX, 1. — Dans le droit classique il fallait une convention spéciale. Plus tard, on admit que l'hypothèque de tous les biens du débiteur comprendrait les biens à venir. L. 9, C., VIII, 17.

(5) « Aliena res utiliter potest obligari sub conditione si debitoris facta fuerit. L. 16, § 7, *De pign. et hypoth.*, XX, 1.

dication du débiteur devra échouer contre l'exception
de dol. S'il ne possède pas, on lui accordera une action
utile, pourvu qu'il ait été de bonne foi (1).

2º Le propriétaire devient héritier du constituant. Le
créancier aura-t-il l'action hypothécaire ? Les jurisconsultes romains étaient divisés sur cette question.

Paul, qui accorde (L. 41, *De pign. act.*, XIII, 7), sans
difficulté l'action utile dans le cas précédent, la refuse
formellement dans celui-ci. Suivant lui, ce n'est pas
par l'effet d'une confirmation après coup, qu'il faut autoriser l'action, lorsque c'est le constituant qui est devenu propriétaire. Cette action ne repose que sur des
motifs d'équité, parce qu'il serait malhonnête de la
part de celui qui a hypothéqué d'argumenter de son
mensonge, et d'invoquer son défaut de propriété à l'origine de l'affaire, quand il a affirmé le contraire. A
ce point de vue, l'héritier de la personne qui a hypothéqué est à l'abri de tout reproche, et doit par conséquent échapper à l'action hypothécaire, attendu qu'aucune faute ne peut lui être reprochée.

Modestin, au contraire, accorde toujours l'action au
créancier hypothécaire (L. 22, *De pig. et hyp.*, D., XX,
1). De nombreuses tentatives ont été faites pour concilier ces deux opinions ; je crois qu'il est préférable
d'admettre que les deux jurisconsultes étaient en
désaccord sur ce point. Il est d'autant plus probable,
que cette question était de celles controversées, que le
passage de Modestin est extrait de son ouvrage intitulé : *Libri differentiarum* où il rapportait des espèces

(1) Voy. : L. 7, § 2, D., *De Sen. Maced.*, XIV, 6 ; L. 41, D., *De
pign. act.*, XIII, 7; L. 5, C., *Si aliena res*, VIII, 16.

sur lesquelles il y avait division entre les jurisconsultes.

Lorsque nous disons que le constituant doit avoir la propriété de la chose, nous n'entendons pas parler de la propriété quiritaire exclusivement, nous voulons désigner aussi la propriété bonitaire. L'hypothèque étant de création prétorienne, il était naturel que le préteur admit la validité du droit réel, constitué par celui qui, à ses yeux, était propriétaire, bien qu'il ne pût se dire *Dominus* d'après le droit civil. Aussi de même qu'il accordait à celui qui avait la chose *in bonis* une revendication utile sous le nom de *Publicienne*, de même il autorisait à exercer l'action quasi-servienne l'ayant-cause de ce bonitaire qui aurait reçu de celui-ci une affectation hypothécaire (1).

Outre la qualité de propriétaire j'ai dit qu'il fallait la capacité d'aliéner. La nécessité de cette condition se conçoit aisément. Puisque le droit d'hypothèque doit aboutir en dernière analyse à une vente, il est naturel d'exiger la capacité d'aliéner dès le début de l'opération (2).

4° *L'emploi d'un mode légal de constitution.* — L'hypothèque s'établit : 1° par la convention — 2° par disposition de dernière volonté — 3° par l'autorité judiciaire — 4° par disposition légale.

Il ne rentre pas dans notre sujet d'exposer les rè-

---

(1) L. 18, D., *De pign. et hypoth.*, XX, 1; L. 14, D., *Qui potiores*, XX, 4.

(2) L. 1, § 2, et § 4, D., *De reb eorum qui sub tutela sunt*, XXVII, 9; L. 22, C., *De administr. tut.*, V, 37; L. 2, C., *De curat. fur.*, V, 70; L. 1 pr., D., *Quœ res pign.*, XX, 3.

gles de chacun de ces quatre modes de constitution
d'hypothèque ; nous ne dirons que quelques mots de
chacun d'eux.

1° *Hypothèque conventionnelle.* — L'hypothèque
pouvait s'établir par une simple convention. Aucune
formalité spéciale n'était requise, le seul consentement
des parties suffisait. « Contrahitur hypotheca per
pactum conventum, nec ad rem pertinet quibus fit
verbis... Et ideo et sine scriptura si convenit, ut hypotheca sit, et probari poterit, res obligata erit, de qua
conveniunt » (L. 4., D., *De pign. et hypoth.,* XX., 1).

2° *Hypothèque établie par testament.* — On peut
par testament léguer un droit de gage ou d'hypothèque, soit sur une chose spéciale soit sur
toute la succession (L. 26, pr., D., *De pign. act.* XIII, 7).
Pour apprécier la validité de l'hypothèque ainsi constituée et l'étendue des droits du légataire, il faut se
reporter aux règles qui régissent les legs (1).

3° *Hypothèque établie par l'autorité judiciaire.* —
Il faut distinguer deux cas :

A). *Pignus prœtorium* – L'envoi en possession
prononcé par le préteur confère un droit de gage à celui
qui l'a obtenu (2) — Dans le droit classique on hési-
tait à attacher le droit de suite au *pignus prœtorium ;*
Justinien a tranché la question en faveur de l'affirmative (L. 2, C., *De prœl. pign.,* VIII, 22).

B). *Pignus ex judicati captum.* — En cas d'inexécution d'un jugement, le juge peut ordonner la saisie
des biens du condamné. Cette saisie confère un droit

---

(1) Voy. Mœpez, tom. I, § 156, et tom. II, § 432
(2) L. 26 pr., *De pign. act.,* XIII, 7.

de gage à partir du moment où elle a été effectuée. (L. 15, D., *De re judic.*, XLII, 1., — Tit. *Si in causa jud. pign. capt. sit,* C. VIII., 23).

4° *Hypothèques tacites ou légales.* — Dans certains cas la loi accorde une hypothèque au créancier en dehors de toute convention. Les Romains appelaient ces hypothèques *tacites,* nous les appelons *légales.* Ces hypothèques sont fondées sur une interprétation présumée de la volonté des parties, ou sur l'incapacité où se trouve le créancier de pourvoir lui-même à sa sûreté. Nous ne citerons comme rentrant dans cette catégorie que les hypothèques suivantes : Celle du bailleur d'un bien rural sur les fruits et récoltes ; (1) — Celle du bailleur d'une maison sur les meubles qui la garnissent (2) ; — Justinien accorda au légataire une hypothèque sur les biens de la succession (*Inst.* lib. II. tit. 20., *De legatis,* § 2.

Les mineurs et pupilles ont aussi une hypothèque sur les biens de leurs tuteurs et curateurs.

## CHAPITRE II

### De l'Action hypothécaire

Nous avons vu précédemment comment est née l'action servienne. Créée par le préteur Servius, elle n'était donnée qu'au bailleur d'un *prædium rusticum* et res-

(1) L. 7 pr., *In quibus caus.*, XX, 2.
(2) L. 4 pr., et L. 7, § 1, *eod. tit.*

treinte aux *invecta et illata*. Nous avons assisté à sa transformation jusqu'au moment où, sous le nom d'action quasi-servienne ou hypothécaire (*Inst.,* liv. IV, tit. 6, § 7 ; — L. 13, § 1, D., *Ad. S. C. Vell.,* XVI, 1) ; elle fut étendue à tous les cas d'hypothèque. L'étude que nous allons faire ne portera que sur l'action hypothécaire parce que cette action est générale et embrasse l'action servienne elle-même, sauf les différences secondaires qui tiennent à la spécialité de l'objet de celle-ci.

Nous diviserons ce chapitre en quatre sections :

Section I. — Nature de l'action hypothécaire.

Section II. — Conditions d'exercice de l'action hypothécaire.

Section III. — Exceptions que l'on peut opposer au créancier poursuivant.

Section IV. — Effets de l'action hypothécaire.


## SECTION PREMIÈRE

### Nature de l'Action hypothécaire

L'action hypothécaire est l'action donnée au créancier hypothécaire pour faire valoir son droit réel d'hypothèque sur l'objet qui lui a été donné en gage.

Avant d'étudier le mécanisme de cette action et les avantages qu'elle confère à celui qui l'exerce, nous devons tout d'abord la caractériser et préciser sa nature.

A l'époque où le système formulaire était en vigueur à Rome, lorsqu'une personne se croyait lésée et voulait obtenir justice, elle commençait par *vocare in jus* son adversaire devant le préteur. Là elle exposait sommairement ses griefs, et demandait une action. Le préteur examinait les prétentions des parties et rédigeait une instruction écrite portant nominations d'un juge et détermination de ses pouvoirs. Cette instruction s'appelait une formule, et on peut dire que l'action n'était autre chose que le droit qui appartenait au demandeur de s'adresser au juge ainsi nommé et de requérir de lui une décision conforme à la formule (1). Lorsque l'on veut connaître les caractères et la nature d'une action, le procédé le plus simple est donc d'analyser sa formule ; aussi est-ce celui que nous allons suivre.

La formule de l'action hypothécaire ne nous a pas été transmise intégralement par les jurisconsultes romains ; mais on peut, d'après les textes qui nous sont parvenus, admettre la restitution suivante qui en a été faite (2) : « Judex esto. Si paret eam rem de qua agitur, ab eo cujus in bonis fuit Aulo-Agerio pignori hypothecæve obligatam esse propter pecuniam certam creditam, eamque pecuniam neque solutam, neque eo nomine satisfactum esse, neque per Aulum-Agerium stare quominus solvatur satisve fiat, nisi arbitratu tuo Numerius Negidius aut rem Aulo-Agerio restituat aut pecuniam solvat, quanti ea res est, tantam pecuniam, Numerium Negidium Aulo-Agerio condemna ; si non paret, absolve. »

De cette formule il ressort que l'action hypothécaire était une action *réelle*. Le demandeur, en effet, n'invoque aucun lien d'obligation qui existerait entre lui et le défendeur, mais il prétend faire valoir un droit

(1) L. 51, *De oblig, et act.*, D., XLIV, 7.
(1) Rudorff, *Evict. perpet.*, p. 234.

réel : le droit de gage ou d'hypothèque : « Si paret rem
pignori hypothecæve obligatam esse. » Ce caractère de
réalité nous est aussi affirmé par les textes. Ils quali-
fient notre action de *utilis petitio* (1), de *vindicatio
pignoris* (2), de *pignoris persecutio* (3), toutes expressions qui ne peuvent convenir qu'à une action réelle.
La loi 17, *De pignoribus et hypothecis* (XX, 1) est très
explicite en ce sens : « Pignoris persecutio in rem
parit actionem. »

Ce caractère de l'action hypothécaire la distingue
de l'action *Pigneratitia directa*. Cette action est
donnée au créancier gagiste pour contraindre le débiteur à exécuter les obligations dérivant du contrat de
gage. Elle suppose donc un rapport d'obligation entre
le demandeur et le défendeur : elle est personnelle. Le
créancier ne peut l'intenter que contre le débiteur lui-
même ou ses héritiers. L'action hypothécaire, au contraire, ne tendant qu'à faire valoir un *jus in re* sera
donnée contre quiconque mettra obstacle à l'exercice
de ce droit.

En second lieu, l'action hypothécaire est une action
*in factum*. C'est là, du reste, une conséquence de l'origine de l'hypothèque. Créée par le préteur elle ne pouvait être sanctionnée que par lui. Le demandeur ne
pouvait invoquer un point de droit civil sur lequel il
appuierait ses prétentions ; il faisait valoir simplement
la convention de gage et d'hypothèque : « Si paret
rem... pignori hypothecæve obligatam esse » et de

(1) L. 16, *De servit.*, D., VIII, 1.
(2) L. 16, § 3, *De pign. et hypoth.*, D., XX, 1
(3) L. 10, *De pign. act.*, D., XIII, 7.

l'existence de cette convention dépendait l'issue du procès (1).

Enfin, l'action hypothécaire est *arbitraire,* c'est-à-dire qu'avant de condamner le défendeur au paiement d'une somme d'argent, le juge pouvait lui donner l'ordre de fournir une satisfaction ; ce n'était qu'autant que le défendeur s'y refusait, qu'une condamnation était prononcée contre lui. La satisfaction à fournir dans notre cas était la restitution de la chose hypothéquée : « nisi restituat ant pecuniam solvat condemna (2).

Des auteurs pensent que l'action hypothécaire était une action *fictice,* dont la fiction était empruntée à la mancipation fiduciaire ; à l'appui de leur opinion ils disent que les Institutes classent l'action hypothécaire après d'autres actions prétoriennes, qui sont toutes fictices, que par conséquent l'action hypothécaire doit avoir le même caractère.

Je ne conteste pas la proposition que l'on émet ; ce que je n'admets pas, c'est la conséquence que l'on en tire. Que l'action publicienne, que l'action rescisoire soit fictice, cela est certain ; mais je ne vois pas qu'il y ait là un motif pour dire que l'action hypothécaire doit avoir le même caractère. Rien dans le texte, du reste, n'autorise cette supposition. Le préteur avait à sanctionner un droit nouveau, il l'a fait en créant une action originale, ne dérivant d'aucune autre action du droit civil. Ce procédé était plus simple que celui qui

---

(1) L. 11, § 1, D., *De pign. et hypoth.,* XX, 1; L. 3, D., XXII, 3; L. 15, § 1, XX, 1.

(2) L. 16, § 3, D., *De pign, et hypoth.,* XX, 1; *Instit Just.,* l. IV, tit. 6, *De action.,* § 31.

eût consisté à supposer une mancipation fiduciciaire,
il était aussi plus pratique, il s'adaptait à un plus
grand nombre de cas ; je trouve donc tout naturel qu'on
l'ait employé.

Donc l'action hypothécaire est une action prétorienne, *in rem,* arbitraire et *in factum.* Je n'insiste pas
davantage, quant à présent sur ces caractères ; nous
aurons plus tard à en tirer des conséquences et en
fournir des applications.

## SECTION II

### Conditions d'exercice de l'action hypothécaire

L'exercice de toute action met en présence deux personnes : le demandeur qui réclame un droit et le défendeur contre lequel il agit. Pour résoudre la question
qui nous occupe, nous devrons donc nous placer au
point de vue du demandeur et du défendeur et voir
quelles conditions devront réunir chacun d'eux pour
que l'action soit recevable. C'est ce que nous rechercherons dans deux paragraphes; dans le premier nous
verrons les conditions qui doivent concourir en la personne du demandeur ou, en d'autres termes, à qui
appartient l'action hypothécaire; dans le second nous
verrons les conditions en la personne du défendeur,
c'est-à-dire contre qui peut-on intenter l'action hypothécaire.

*A qui appartient l'action hypothécaire*

L'action hypothécaire appartient à tout créancier hypothécaire qui réunit les conditions nécessaires pour l'exercice de son droit. L'existence de chacune de ces conditions devra être prouvée par le créancier poursuivant, car c'est à celui qui invoque un droit d'en faire valoir le bien fondé. « Onus probandi incumbit ei qui agit. »

Le jurisconsulte Marcien nous dit que le demandeur doit prouver : 1º la validité de son hypothèque ; 2º la propriété du constituant. L'hypothèque étant un droit accessoire, et supposant nécessairement une dette principale, il est évident que le demandeur devra aussi prouver sa qualité de créancier si elle est mise en doute. Nous avons donc trois conditions nécessaires pour intenter l'action hypothécaire. Donnons quelques détails sur chacune d'elles :

1º Le poursuivant doit prouver sa qualité de créancier. La créance dont il s'agit ici peut être civile ou naturelle. Les Romains admettaient que le créancier hypothécaire pouvait agir tant qu'il n'avait pas été complétement et réellement désintéressé ; c'était un des caractères particuliers de l'action hypothécaire dont parle Marcien « suas conditiones habet hypothecaria actio : id est si soluta est pecunia, ant satisfactum, quibus cessantibus tenet (L. 13, § 4, D., XX, 1). Nous trouvons dans les textes de nombreuses applications de ce principe. Lorsqu'un débiteur subissait une *minima capitis deminutio*, il fallait une restitution prétorienne pour que le créancier pût exercer son action personnelle. Pour intenter l'action hypothécaire, au contraire, aucune restitution n'était nécessaire, parce que le débiteur était resté tenu d'une obligation naturelle après l'extinction de son obligation civile (L. 2, § 2, D., *De capit. Minut.*) Lorsqu'une femme s'était engagée pour un tiers, le sénatus-consulte Velléien annulait son *expromissio* et cependant le créancier ne pouvait poursuivre par l'action personnelle son ancien débiteur qu'en obtenant une restitution prétorienne. Pour intenter l'action hypothécaire, aucune restitution n'était exigée (L. 13, § 1, *Ad Sen. Vell.*, D., XXI, 1).

Le créancier à terme ou sous conditions pourra-t-il intenter l'action hypothécaire avant l'arrivée du terme ou en la condition? — La question est complexe. et pour la résoudre il faut faire des distinctions. Nous examinerons d'abord la créance conditionnelle; puis la créance à terme.

1° La créance est conditionnelle et la convention d'hypothèque est pure est simple. Le créancier ne peut agir avant la réalisation de la condition, parce que jusqu'à ce moment *nihil debetur* il n'y a pas de créance, et la première condition de l'exercice de l'action manque : la qualité du créancier. C'est ce que nous dit Marcien : « Si sub conditione debiti nomine obligata sit hypotheca, dicendum est ante conditionem non recte agi, cum nihil interim debetur. » Mais si la condition vient à se réaliser, le créancier pourra valablement agir. On ne peut opposer ici la règle *ne bis de eadem re sit actio* et dire qu'on veut intenter deux fois la même action, puisque en réalité, lorsque le créancier s'est présenté en justice pour la première il n'avait pas d'action ; il n'a donc pu la déduire alors *in judicium* et l'épuiser.

2° La créance est pure et simple et la convention d'hypothèque est conditionnelle. Si on avait suivi les principes ordinaires du Droit on aurait refusé l'action au créancier hypothécaire, puisqu'il ne pouvait établir l'existence de son hypothèque. Que si par erreur le préteur avait donné l'action, le juge devrait absoudre le défendeur en déclarant que le demandeur n'avait rien déduit en justice. Or, ce n'est pas là la solution que donne Marcien. Il déclare d'abord que l'action est recevable. Cependant comprenant que sa solution poussée jusque dans ses conséquences serait inique, il décide que le débiteur conservera l'objet hypothéqué en fournissant des cautions et en promettant de restituer si la condition se réalise alors que la dette ne sera pas encore payée. Ce qui a déterminé le jurisconsulte à trancher cette question contrairement à la rigueur des principes, c'est cette idée que j'ai signalée un peu plus haut, à savoir que l'action hypothécaire est recevable par cela seul que le créancier n'a pas été complétement désintéressé (1).

3° La créance est à terme, la convention d'hypothèque est pure et simple, le créancier pourra-t-il agir

---

(1) L. 13, § 4, D., XX, 1 : « Si præsens sit debitum, hypotheca vero sub conditione, et agatur ante conditionem hypothecaria, verum quidem est pecuniam solutam non esse, sed auferri hypothecam iniquum est, ideoque arbitrio judicis, cautiones interponendæ sunt : si conditio exstiterit, nec pecunia solvatur, restitui hypothecam si in rerum natura sit.

avant l'échéance ? — Les auteurs sont divisés sur cette question. Quelques uns pensent qu'il faut distinguer suivant qu'il y a eu *pignus* proprement ou hypothèque. S'il y a eu *pignus* le créancier pourra agir avant l'échéance, s'il y a hypothèque il devra attendre l'arrivée du terme .. A l'appui de leur opinion ils invoquent la Loi 14, D., *De pigno et hyp.* XX, 1, ainsi conçue « Quæsitum est si nondum dies pensionis venit an et medio tempore persequi pignora permittendum sit. Et puto dandam pignoris persecutionem quia interest mea. » Ce texte accorde l'action dit-on, et d'une façon très explicite, avant l'échéance (1).

Je ne me rallierai pas à cette opinion. Je crois qu'il n'y a pas à distinguer entre le cas où il y a eu *pignus* et celui où il y a eu hypothèque. Au point de vue des principes, il me paraît certain que l'action doit être refusée avant l'arrivé du terme. Ce n'est, en effet, qu'en cas de défaut de paiement à l'échéance que le créancier peut poursuivre le gage et le faire vendre (2) ; mais tant que le terme n'est pas arrivé, le créancier ne peut dire qu'il ne sera pas payé, et par conséquent ne peut avoir action sur la chose hypothéquée. On ne conteste pas, du reste, la solution pour l'hypothèque, parce que nous avons un texte très formel : « Si paciscatur creditor ne intra annum pecuniam petat, intelligitur de hypotheca quoque idem pactus esse » (L. 5, § 1, D., XX, 6). Il y a-t-il des motifs spéciaux pour donner une solution différente lorsqu'il y a eu *pignus*? Je ne le crois pas. On dit : le

---

(1) En ce sens, DEMONGEAT, *Cours de droit romain*, t. II, p. 610.
(2) L. 4, D., *De distract. pign.*, 20, 5.

créancier gagiste a droit à la possession, donc il doit
avoir l'action hypothécaire pour la recouvrer s'il la
perd. Le raisonnement ne me paraît pas concluant,
parce que nous avons vu que le créancier gagiste pouvait user des interdits, et intenter *utiliter* les actions
du débiteur. Quant au texte que l'on nous oppose, je
le repousse, parce que je crois qu'il s'appliquait à l'interdit Salvien, et que c'est par erreur que les compilateurs du Digeste l'ont appliqué à l'action hypothécaire. Examinons, en effet, ce passage : nous voyons
qu'Ulpien autorise un bailleur à poursuivre le *pignus*
avant l'exigibilité de la *pensio*. Mais quel est d'une
façon précise le cas prévu par ce jurisconsulte ? Il est
difficile de le dire, et cependant ce serait nécessaire
pour pouvoir en tirer argument. Il ne peut s'agir évidemment que d'un bail d'une maison, ou d'un bail
rural. S'il s'agit d'un bail d'une maison, il vise l'hypothèque tacite dont sont affectés les meubles garnissant
les lieux loués ; s'il se réfère à un bail rural, il a en
vue l'hypothèque conventionnelle qui grève les meubles
apportés sur le fonds. Or, dans l'un et l'autre cas, ce
n'est plus d'un *pignus* qu'il s'agit, mais d'une hypothèque. Le texte est donc étranger à toute question de
*pignus,* et par conséquent il n'y a pas à l'invoquer
pour dire qu'en cas de *pignus,* le créancier peut agir
avant l'échéance. Donc, je me crois fondé à dire que le
créancier à terme ne peut pas agir avant l'échéance.

2° et 3° *Le créancier poursuivant doit prouver que
le constituant était propriétaire au jour de la constitution d'hypothèque, et que son hypothèque a été régulièrement constituée.* — Nous réunissons dans une même
question ces deux conditions, parce que la nécessité

v. 4

que le constituant soit propriétaire n'est qu'un des éléments exigés pour la validité de l'hypothèque. Au surplus, nous n'avons que fort peu de choses à dire ici,
sauf la question suivante que nous avons réservée,
nous nous bornerons à renvoyer à notre chapitre i,
section 2, où nous avons déjà examiné quelles sont
les conditions nécessaires pour constituer une hypothèque.

Nous avons vu que l'hypothèque pouvait porter sur
toute chose corporelle ou incorporelle susceptible
d'être vendue, notamment sur une créance et un droit
de gage et d'hypothèque. Nous devons rechercher ici
si c'est par la voie de l'action hypothécaire que le
créancier pourra faire valoir son *pignus nominis,* son
*pignus pignori datum.* Au point de cette étude où nous
sommes actuellement arrivés, il me semble facile de
résoudre la question. Nous avons établi que l'action
hypothécaire était *essentiellement* une action *in rem.*
Il y aurait donc déjà là un motif pour décider qu'elle
ne peut fonctionner lorsque l'objet donné en gage est
une créance, car on ne conçoit pas une action *in rem*
portant sur une créance. D'autre part, nous avons vu
que le *pignus nominis* n'est pas en réalité une véritable hypothèque ; que c'est plutôt une cession en garantie faite par le débiteur à son créancier. Nous devons donc dire en conséquence que le créancier qui a
reçu un *pignus nominis* pourra faire valoir les droits
de son débiteur *quasi ex jure cesso,* mais nous n'accor-
derons pas l'action hypothécaire. Les textes (1) qui
nous disent qu'une *utilis actio* sera donnée au créan-

(1) L. 4, C., VIII, 17.

cier, désignent donc pour nous, non pas l'action hypothécaire, mais les actions du premier créancier que le
second exercera *utiliter*.

Cette doctrine était déjà soutenue par Doneau qui la
résume très clairement dans les termes suivants :
« Quibus actionibus consequetur creditor cui nomen
« datum est? Utilibus, ut scriptum est, Leg. 4, C. VIII,
« 17, quas vero utiles hic intelligimus utrum hypo-
« thecariam actionem an vero actionem in personam?
« Et hypothecariam intelligere non possumus : hæc
« enim possessionem pignoris avocat. Nomen autem
« jus est cujus nulla est possessio. Restat ut utilem
« actionem hic interpretemur actionem in personam
« qualem creditor debitoris adversus debitorem suum
« haberet. »

Il y a cependant un cas où le créancier pourrait
avoir une action hypothécaire. Si le débiteur originaire
devait un objet corporel et le donnait en paiement, le
second créancier acquerrait une hypothèque sur cet
objet, et aurait, par conséquent, l'action hypothécaire,
en tant que besoin serait (1).

Nous pouvons faire le même raisonnement en ce qui
concerne le *pignus pignori datum*. Le second créancier
exercera les droits et actions de son débiteur, il pourra
par conséquent intenter l'action hypothécaire qui com-
pétait à celui-ci. Il pourrait aussi avoir de son chef
l'action hypothécaire, dans l'hypothèse correspondante
à celle que nous avons examinée pour le créancier qui
a un *pignus nominis* (2).

(1) « Si vero corporis alicujus, id, quod acceperis, erit tibi loco
pignoris. » L. 18 pr., *in fine*, D., *De pign. act.*, XIII, 7.
(2) « Si vero corpus is debuerit et solverit, pignoris loco futurum apud secundum creditorem. » L. 13, § 2, D., XX, 1.

## § II

*Contre qui est donnée l'action hypothécaire*

L'action hypothécaire a pour but de fournir au créancier le moyen de faire respecter son droit, et de le mettre à même de réaliser son gage. Elle sera donc donnée contre toute personne qui mettra obstacle à l'exercice du droit hypothécaire, c'est-à-dire contre quiconque détiendra l'objet hypothéqué. La possession en la personne du défendeur est donc la seule condition à exiger.

Ce n'est pas à dire cependant que la poursuite ne sera jamais régulièrement dirigée contre une personne qui ne possède pas. Il faut se rappeler en effet que les Romains assimilent le possesseur *fictif* au possesseur réel, c'est-à-dire que si une personne a possédé et n'a cessé de posséder que par suite de son dol, on la considérera, au point de vue qui nous occupe, comme possédant encore, et par conséquent susceptible d'une poursuite régulière. C'est l'application d'un principe que l'on formule en disant *Dolus pro possessione est* (1).

---

(1) L. 16, § 3, D., XX, 1 ; L. 131, D., 5, 17. « Qui dolo desierit possidere pro possidente damnatur : quia pro possessione dolus est. » — Nous devons faire remarquer que le demandeur pouvait, à son gré, agir soit contre le possesseur feint, soit contre le vrai possesseur ( L. 7, VI, 1). S'il agit contre le *verus possessor* et obtient satisfaction il ne peut plus recourir contre le *fictus*, parce que ayant obtenu réparation de sa lésion il est désormais sans intérêt (L. 95, § 9, XLVI, 3). Par contre, s'il agit d'abord contre le *fictus possessor*, il n'en conserve pas moins son action contre d'autres, alors

Le défendeur doit donc être possesseur du gage ou être réputé tel ; mais il n'est pas nécessaire que sa possession porte sur la totalité de l'objet hypothéqué. Quiconque possède une fraction d'une chose frappée d'hypothèque est tenu de la totalité de la dette. C'est une application du principe que nous avons établi à savoir que l'hypothèque est indivisible. Si donc nous supposons que le constituant est décédé, et que le bien qu'il avait grevé a été partagé entre ses héritiers, chacun de ceux-ci sera soumis pour le tout à la poursuite hypothécaire (L. 2 C., *Si unus ex plur.*).

Justinien (1) créa une hypothèque au profit du légataire, et décida que l'action hypothécaire ne pourrait être intentée contre chaque héritier, que dans la mesure de ce dont il est tenu personnellement de payer le legs : *in tantum et hypothecaria, unumquemque conveniri volumus, in quantum personalis actio adversus eum competit.*

Il semble donc qu'il y a là une dérogation à la règle que nous venons de poser. Il n'en est rien cependant, la solution de Justinien est très conforme aux principes. La créance du légataire, en effet, ne naît qu'après l'adition d'hérédité et contre les héritiers eux-mêmes. Chacun de ceux-ci n'est donc débiteur que pour sa part

même qu'il aurait reçu le montant de la condamnation obtenue à la charge du *fictus*. Car la somme à laquelle celui-ci est condamné est la peine de sa manœuvre frauduleuse ; il la paie en son propre nom et non à la décharge du vrai possesseur. Ces principes furent posés par le Sénatus-Consulte Jouvencien, et étendu par les jurisconsultes aux autres actions réelles (L. 27, § 3, D.. *De rei vindic.*, VI, 1; L. 37 pr., *eod tit.*; L. 25, § 2, V, 2).

(1) L. 1, C., *Com. de leg.*, VI, 43.

héréditaire. et on peut dire que le légataire a autant de créances distinctes qu'il y a d'héritiers. D'autre part l'hypothèque est l'accessoire d'une créance ; elle ne peut conférer plus d'avantage que la créance à laquelle elle est attachée et qu'elle sert à garantir. Par conséquent, il faut dire que le légataire a en réalité autant d'hypothèques qu'il y a d'héritiers et qu'il ne pourra demander par l'action hypothécaire au delà de ce qu'il obtiendrait par l'action personnelle.

Si, pour résoudre la même question, nous nous placions après le partage, il faudrait donner une solution différente. Il faut se rappeler qu'à Rome le partage est translatif de propriété, de sorte que la position d'un héritier, que le partage a rendu propriétaire exclusif d'un objet héréditaire, est la suivante. Pour la part qui lui appartenait dans cet objet, en sa qualité d'héritier, il demeure tenu hypothécairement jusqu'à concurrence de la fraction du legs qui est à sa charge personnelle ; mais la part qu'il acquiert du chef de son copartageant ne lui arrive qu'hypothéquée à la fraction de la dette dont celui-ci était personnellement tenu. Il faut donc dire qu'en réalité après le partage, chaque cohéritier détenteur d'un bien de la succession, peut être poursuivi hypothécairement sur ce bien, jusqu'à concurrence de la totalité du legs.

L'empereur Zenon décida que ceux qui avaient une chose leur provenant du fisc, de l'empereur ou de l'impératrice, ne pourraient être poursuivis par les créanciers ayant hypothèque sur cette chose. (Instit., *De Usucap.*, § 14).

Enfin Justinien pour favoriser le bénéfice d'inventaire qu'il avait créé et dont il se montrait si fier, a

décidé que l'action hypothécaire ne pouvait être intentée contre les acheteurs de biens héréditaires vendus
par un héritier, qui aurait fait inventaire (L. 22, §§ 5
et 6, C., *De jure deliberandi*).

## SECTION III

### Des exceptions que le tiers détenteur peut opposer à la poursuite des créanciers hypothécaires

Nous venons de voir à quelles conditions et contre
quelles personnes les créanciers hypothécaires pourront intenter leur action. Nous supposons donc les
parties en présence, nous devons voir si le tiers détenteur ne peut pas échapper à la poursuite en opposant
au créancier certains moyens de défense.

Je n'ai pas à exposer ici toutes les exceptions que
le défendeur peut avoir ; je ne n'examinerai que celles
qui sont spéciales à notre matière. Je puis dire qu'en
général les exceptions ont été créées pour contre-ba-
lancer ce que pouvait avoir de trop rigoureux et quelquefois d'injuste l'exercice de l'action hypothécaire
à raison du défaut de publicité de l'hypothèque, puisqu'il
pouvait arriver que des tiers fussent dépouillés, sans
qu'ils aient eu aucun moyen d'apercevoir le danger
qui les menaçait.

Ces exceptions sont au nombre de six : chacune
formera un paragraphe de cette section.

## § I

*Exception de priorité d'hypothèque*

Il pourra arriver que le tiers, contre lequel est dirigé l'action hypothécaire, soit lui-même un créancier hypothécaire; si celui-ci a une hypothèque antérieure en date à celle du poursuivant il le repoussera par l'exception : « *Si non mihi pignori hypothecœve nomine res sit mihi obligata* » (L. 12 pr., D., *Qui potiores*).

Cette exception découle de ce principe qu'admettaient les romains à savoir que le créancier premier en rang avait sur la chose hypothéquée un droit absolu. Il avait seul le pouvoir de la vendre et il avait le choix du jour où se ferait la vente ; son droit était opposable à tous les créanciers postérieurs et ne pouvait être atteint par aucun des actes faits par ceux-ci. On considérait même que lorsque le créancier premier en rang vendait le bien hypothéqué il subrogeait en quelque sorte son acquéreur à son droit hypothécaire, de telle sorte que celui-ci ne pouvait plus être inquiété par aucun créancier postérieur. On lui donnait en effet dans le cas où il eût été poursuivi le droit d'opposer une exception ainsi conçue : *Nisi ab eo res empta est cui ante erat obligata* (L. 12, § 7, D., *Qui potiores*, XX, 4).

Les créanciers postérieurs en rang n'avaient qu'un moyen de paralyser ce droit du créancier premier en rang, c'était de lui rembourser sa créance. Ce droit était appelé *jus offerandœ pecuniœ* (1). Ils pou-

(1) L. 2, D., *De distract. pign.*, XX, 5.

vaient user de ce droit non seulement lorsqu'ils étaient tenus d'une poursuite hypothécaire, mais aussi en dehors de toute instance. Ils trouvaient là un moyen de rester en possession de la chose et de ne plus être exposés à la perdre ; d'autre part succédant aux droits du créancier premier en rang ils devenaient libres de choisir le moment qui leur serait le plus favorable pour faire procéder à la vente. Les créanciers qui usaient du « jus offerendi » n'étaient subrogés au créancier antérieur que pour la somme qu'ils leur avaient payée et non pour leurs autres créances (1).

## § II

### *Beneficium excussionis personale*

Le bénéfice de discussion est un moyen dilatoire que l'on donne au tiers détenteur poursuivi par le créancier hypothécaire.

Ce bénéfice ne fut définitivement organisé que par Justinien dans sa Novelle IV. Cependant, s'il faut croire ce que nous dit cet empereur, il existait déjà auparavant, mais serait tombé en désuétude. Quoiqu'il en soit, nous pouvons voir s'il n'y avait pas dans la législation antérieure quelque institution analogue.

Il est certain que à la fin de l'époque classique les fidéjusseurs engagés pour les débiteurs du fisc avaient le bénéfice de discussion (L. 4, C., IV, 15). (1).

D'autre part le fidéjusseur pouvait échapper, au

(1) L. 12, § 6, et L. 16, D , *Qui potiores*.
(2) Cf. L. 47, pr., D., *De juris fisci*.

moins momentanément, à la poursuite du créancier en usant d'un mandat.

Lorsque le fidéjusseur était poursuivi par le créancier il lui donnait mandat d'agir d'abord contre le débiteur principal (*Inst.*, § 2, Mand. III, 26). Le créancier en exerçant son action contre le débiteur libérait le fidéjusseur par suite de l'effet de la *litis contestatio* selon la règle *electo reo principali, fidejussor liberatur* (1). Et ce n'est que dans le cas où il n'était pas complétement payé que le créancier pouvait alors poursuivre le fidéjusseur par l'action *mandati contraria* (2).

Justinien réglementa à nouveau le bénéfice de discussion qu'il accorda au fidéjusseur et au tiers détenteur d'un bien hypothéqué.

Il pose d'abord en principe que le créancier hypothécaire ne pourra poursuivre le tiers détenteur qu'après avoir épuisé toutes ses actions contre ceux qui, à titre quelconque, sont personnellement tenus de la dette. Ainsi, si le créancier a un débiteur principal, un fidéjusseur et une hypothèque sur des biens appartenant au débiteur principal, au fidéjusseur ou à un tiers, il devra poursuivre : 1º le débiteur ; — 2º le fidéjusseur ; et en troisième lieu seulement il pourra faire valoir son action hypothécaire contre le tiers détenteur. Bien plus, dans l'exercice de l'action hypothécaire, le créancier doit poursuivre les biens hypothéqués : 1º entre les mains du débiteur ; 2º du fidéjusseur ; 3º du tiers détenteur.

Justinien n'impose aucune condition au détenteur ;

(1) Paul, *Sent.*, lib. IV, tit. 17, § 16.
(2) L. 45, § 8, Nouv. XVII, 1.

toutefois il décide que si le débiteur principal est absent, le détenteur ne pourra que demander un délai
pour mettre en cause le débiteur personnel ; à l'expiration de ce délai il ne pourra plus opposer le bénéfice
de discussion et l'action hypothécaire suivra son
cours.

## § III

### *Beneficium excussionis reale*

Le bénéfice de discussion que nous venons d'étudier
dans le précédent paragraphe a été appelé par les commentateurs *personale* pour le distinguer du *reale* qui
se présente dans l'hypothèse suivante. On suppose
qu'un créancier a une hypothèque générale sur tous
les biens du constituant et une hypothèque spéciale
sur certains biens. Dans le droit classique le créancier
pouvait exercer son action hypothécaire soit sur les
biens compris dans l'hypothèque générale, soit sur
ceux qui sont grevés de l'hypothèque spéciale à son
choix. Les empereurs Sévère et Antonin ont décidé (1)
que le créancier devra discuter d'abord les biens grevés de l'hypothèque générale, et que ce n'est qu'ensuite qu'il pourra s'en prendre à ceux que frappe l'hypothèque spéciale. Cette décision que le rescrit donnait

(1) « Quamvis constet specialiter quædam ut universa bona
generaliter adversarium tuum. pignori accepisse, et æquale jus
in omnibus habere, juridictio tamen temperenda est. Ideoque si
certum est, posse eum ex his quæ nominatim ei pignori obligata
sunt, universum redigere debitum ; ea quæ postea ex eodem bonis pignori accepisti, interim tibi non auferri præses provinciæ
jubebit. »

*utilitatis causa* pour atténuer la rigueur des principes fut confirmée plus tard par Dioclétien et Maximien (L. 9, C., *De dict. pign.*, VIII, 28).

## § IV

### *Beneficium cedendarum actionum*

Le tiers détenteur qui paie le créancier pourra recourir contre le débiteur principal. Il a pour cela l'action *negotiorum gestorum,* ou l'action *empti* si c'est un acheteur qui est évincé. Mais il peut se faire que le créancier qui a été désintéressé ait eu des garanties préférables, et des moyens d'action supérieurs à ceux que je viens de constater chez le tiers détenteur. Ce sont ces moyens d'action et ces garanties, que le tiers détenteur pourra obliger le créancier poursuivant à lui céder, en lui opposant, s'il s'y refuse, une exception de dol.

Ce bénéfice de cession d'action existait déjà dans le droit classique. Nous le trouvons dans la L. 19, *Qui potiores*, au Digeste, laquelle suppose qu'une femme a constitué en dot à son mari un immeuble hypothéqué et décide que si le mari est poursuivi par le créancier celui-ci devra lui céder ses droits.

La cession d'action n'avait pas lieu de plein droit. Elle devait être demandée avant le paiement, car après il eût été trop tard puisque la dette était éteinte et avec elle ses garanties. C'est pourquoi on considérait que la somme payée par le tiers était le prix de la cession de la créance et de ses accessoires (1). La

(1) L. 36, *De fidejuss.*; L. 76, *De solut.*, XLVI, 3.

cession d'action étant une faveur accordée au tiers, il ne pouvait l'obtenir qu'autant qu'elle ne causait aucun préjudice au créancier.

La cession ne portait que sur les actions telles que le créancier les avait au jour de la créance.

## § V

*Droit de rétention à raison d'impenses*

Le tiers détenteur qui a fait des dépenses à raison de la chose hypothéquée peut exiger que le créancier lui rembourse la plus-value et conserver la possession jusqu'à ce qu'il ait obtenu satisfaction de ce chef : « Bona fide possessores non aliter cogendos creditoribus ædificium restituere, quam sumptus in instructione erogatos, quatenus pretiosior facta est, reciperent » (L. 29, § 2, *De pignor.*, D., XX, 1).

## § VI

*Exception de prescription*

Le tiers détenteur peut repousser le créancier hypothécaire en lui opposant la prescription. Les conditions qui ont réglementé cette exception ont varié suivant les époques. Nous devrons donc distinguer deux périodes : la 1re qui s'étend jusqu'à Justinien ; la 2me qui comprend les réformes de Justinien.

*Législation antérieure à Justinien.* — Dans le droit classique l'usucapion laisse subsister les hypothèques ;

la chose usucapée passe « cum sua causa » entre les mains du nouveau propriétaire (1). Celui en effet qui a usucapé ne peut prétendre qu'une chose c'est qu'il est devenu propriétaire, et cette prétention n'a rien d'incompatible avec l'existence des hypothèques. D'autre part, l'aliénation consentie par le propriétaire est impuissante à porter atteinte aux hypothèques qu'il a constituées, et l'usucapion n'étant qu'une aliénation indirecte ne saurait avoir plus d'effet que l'aliénation directe (2).

A côté de l'usucapion, le préteur avait créé la *longi temporis prescriptio*; elle fonctionnait dans des cas où l'usucapion n'était pas possible. Elle avait ses règles propres quant à sa durée et ses effets. La possession devait être de dix ans entre présents et de vingt ans entre absents, sans distinction entre les meubles et les immeubles. Dans le principe le *longi temporis prescriptio* n'était qu'un moyen de défense donné par le préteur à celui qui possédait pour repousser ceux qui l'actionnaient en restitution (3). Il en résultait que si celui qui avait prescrit venait à perdre la possession il ne pouvait revendiquer ; et ainsi il perdait l'avantage de sa longue possession s'il ne se trouvait pas en mesure d'intenter un interdit. C'était

(1) L. 1, § 2; L. 7, § 2, D., XX, 1; L. 2, § 2, D., *Pro hærede;* L. 44, § 5, D., XLI, 3; L. 7, C., VIII, 14.

(2) L. 28. D., *De verb. pign.*

(3) Sous le système formulaire ce moyen de défense se faisait valoir par voie d'exception insérée dans la formule. Généralement même cette exception se mettait en tête de la formule sous le nom de *præscriptio*, et c'est de cet incident de procédure que dériva le nom que l'institution a gardé.

là un inconvénient de l'institution auquel le préteur remédia en accordant une revendication utile (1).

Plus tard, le préteur étendit encore le domaine d'application de la possession de long temps ; il permit de l'invoquer non plus seulement contre le propriétaire, mais aussi contre les titulaires de tous droits réels et notamment contre les créanciers hypothécaires. A partir de ce moment, on peut dire que l'on eût deux prescriptions différentes : l'une s'appliquant à la propriété, l'autre s'appliquant aux autres droits réels. Elles fonctionnaient séparément et chacune avait ses conditions propres qu'il fallait apprécier distinctement. On pouvait prescrire la propriété sans prescrire les hypothèques, et à l'inverse on pouvait prescrire les hypothèques sans prescrire la propriété (2). Ainsi :

(1) L. 2, C., *De præscr. long. temp.*, VII, 33 ; L. 8 pr., C., *De præscript. trig. vel. quadrag. ann.*, VII, 39.

(2) L. 5, § 1; L. 12, D., *De div. temp. præscr.*, XLIV, 3; LL. 1 et 2, C., *Si adv. cred.*, VII, 36. — Je repousse donc l'opinion d'après laquelle la possession de longtemps une fois acquise serait opposable à quiconque prétendrait un droit réel du chef d'un des précédents propriétaires. Cette doctrine, en effet, est contraire au principe d'après lequel la propriété ne s'acquiert que sous réserve des charges dont elle est grevée. Si on l'appliquait aux servitudes soit prédiales, soit personnelles, il faudrait dire qu'elles sont éteintes, par cela seul que la propriété a été prescrite, quand même on ne pourrait invoquer contre leur titulaire aucun mode d'extinction. Or, cela n'est pas admissible, car ce serait mettre le titulaire d'une servitude à la merci du propriétaire; aucun texte, du reste, ne permet d'aboutir à une pareille conclusion. Quant au droit de gage, la L. 2, C., *Si adv. cred.*, s'en occupe. Elle prévoit le cas où le fonds a été acquis *a non domino*, et suppose que la propriété a été prescrite par vingt ans, vis-à-vis du propriétaire, et seulement par dix ans, vis-à-vis du créancier hypothécaire qui était présent. Il en résulte donc qu'il y a deux prescriptions distinctes.

1º j'ai acquis *a Domino* une chose hypothéquée. Bien que je n'ai pas besoin de prescrire la propriété, je prescrirai contre le créancier hypothécaire, pourvu qu'au jour de mon entrée en possession j'ai cru la chose libre ; 2º j'ai su que mon auteur n'était pas propriétaire, mais j'ai ignoré que la chose fût hypothéquée. Je ne prescrirai pas contre le propriétaire, parce qu'à son égard je suis de mauvaise foi, mais je prescrirai contre le créancier hypothécaire; 3º à l'inverse, j'ai connu l'hypothèque, mais j'ai cru par erreur que la propriété appartenait à mon auteur : je prescrirai contre le propriétaire, mais non contre le créancier hypothécaire ; 4º enfin, j'ai cru acquérir une chose non hypothéquée, et l'acquérir *a Domino*, mais sur les deux points je me suis trompé. Les deux prescriptions seront possibles. Si le propriétaire est présent et le créancier absent, je prescrirai la propriété par dix ans et l'hypothèque seulement par vingt ans ; ou inversement, si c'est le propriétaire qui est absent et le créancier présent, je prescrirai l'hypothèque par dix ans et la propriété par vingt ans.

On voit par là que la *prescriptio longi temporis* ne servait pas seulement à remplacer l'usucapion lorsque celle-ci ne pouvait fonctionner à raison des personnes ou des objets, mais qu'elle avait aussi un domaine propre et séparé en tant qu'elle permettait d'arriver à l'extinction des hypothèques.

Les empereurs Honorius et Théodore décidèrent qu'au cas où les conditions requises pour la *prescriptio longi temporis* ne seraient pas réunies, le possesseur serait libéré s'il avait possédé de bonne foi et pendant trente ans. C'était la *prescriptio longissimi temporis* (1). Quant au possesseur de mauvaise foi on lui permit d'opposer sa possession de trente ans sous forme d'*exceptio temporalis*, s'il était encore en possession au jour de la poursuite ; mais s'il perdait la possession, aucun moyen de la recouvrer ne lui était donné (2).

L'empereur Justin décida que si le détenteur était le débiteur ou ses héritiers, il ne pourrait repousser la poursuite des créanciers hypothécaires qu'en offrant une possession de quarante ans (3).

II. *Réformes de Justinien.* A l'époque de Justinien la différence entre les fonds Italiques et provinciaux avait disparu ; et depuis Caracalla il n'y avait plus à distinguer des Romains et des peregrins. Il n'y avait donc plus de motifs pour maintenir l'usucapion et la *longi temporis præscriptio*, en tant que mode d'acquérir la propriété. Justinien résolut refondre en une seule ces deux institutions sous le nom d'Usucapion (4).

Les conditions de cette nouvelle usucapion étaient celles de l'ancienne. La durée de la possession fut changée. Pour les meubles il fallut trois ans et pour les immeubles dix ans entre présents et vingt ans en-

---

(1) L. 3, C., *De præscript. trig. vel quadr. ann.*, VII, 39.

(2) L. 8, § 1, C., VII, 39.

(3) L. 7, C., VII, 39.

(4) On a beaucoup discuté sur la question de savoir quelle était de l'usucapion ou de la prescription de longtemps celle que Justinien avait voulu consacrer. Des auteurs ont dit qu'il appliquait l'usucapion aux meubles et la prescription aux immeubles; d'autres pensent que c'est l'ancienne usucapion qui a triomphé; pour moi, si je compare la nouvelle usucapion de Justinien avec les institutions précédentes, je crois qu'il a plutôt consacré la *præscriptio longi temporis*, n'empruntant à l'ancienne usucapion que son nom,

tre absents. Quant à ses effets, la nouvelle usucapion était translative de propriété ; elle engendrait donc un moyen de défense tiré du fond, et en cas de dépossession une action en revendication.

Comme l'ancienne usucapion elle laisse subsister les droits réels qui grevaient la chose du chef des précédents propriétaires. Par conséquent, s'il y a des hypothèques le possesseur devra les prescrire séparément de la propriété en réunissant vis-à-vis les créanciers hypothécaires les conditions de la *longi temporis præcepto.* Il devra donc avoir ignoré l'hypothèque au jour de son entrée en possession ; et posséder pendant dix ans ou pendant vingt ans selon que le créancier hypothécaire aura ou non son domicile dans la même province.

Cette solution s'applique qu'il s'agisse de meubles ou d'immeubles. S'il s'agit de meubles, la propriété se prescrira par trois ans, et les hypothèques seulement par dix ou vingt ans. Ce résultat peut paraître bizarre, mais il est la conséquence de ce qu'il y avait en réalité deux institutions dont chacune avait ses conditions propres (1).

Justinien maintint les Constitutions de Théodore

par respect de la tradition. Nous voyons, en effet, que l'usucapion de Justinien n'est guère que la prescription telle qu'elle était dans le dernier état du droit, quant à sa condition, quant à sa durée (sauf pour les meubles) et quant à ses résultats ; nous voyons surtout qu'elle est opposable aux créanciers hypothécaires, ce qui est un emprunt certain à la prescription de longtemps et non à l'usucapion.

(1) L. 12, C., *De præscr. long. temp.,* VII, 33; L. 8 pr et § 1, *De præscr. vel quadr. ann.,* C., 7, 39; L. 2 pr., C., *De omn. except.,* VII, 40.

et de Justin quo nous avons signalées relativement à
la prescription de trente et quarante ans.

### Des effets de l'Action hypothécaire

Nous venons de voir comment le tiers détenteur peut
échapper à la poursuite hypothécaire. Il peut se faire
qu'il n'ait à opposer aucune des exceptions que nous
venons d'examiner, ou que les ayant fait valoir il ait
été repoussé. La procédure se continue et le juge rend
sa sentence. Nous devons rechercher en quoi consistera
cette sentence et quelle satisfaction obtiendra le créancier.

Le but du créancier qui intente l'action hypothécaire
est d'obtenir le délaissement de la chose grevée à son
profit, afin de pouvoir la faire vendre. Il conclut donc
à ce que le détenteur lui fasse remise de la chose.
Toutefois, comme le détenteur n'est soumis à la poursuite hypothécaire qu'à raison du droit de gage, il peut
s'y soustraire en éteignant ce droit, c'est-à-dire en
payant la dette à raison de laquelle l'hypothèque a
été constituée (1). Mais ce dernier parti que pourrait
prendre le tiers détenteur n'est pour lui qu'une faculté,
un moyen d'éviter la condamnation, ; et l'objet principal de la demande est toujours la chose même. C'est,
du reste, ce que nous indiquent parfaitement les textes
qui nous parlent de *vindicatio pignoris,* de *pignoris
persecutio.*

_____

(1) « Jus petitoris removetur soluto pignore, L. 12, § 1, XX, 6.

Est-ce à dire cependant que le détenteur sera immédiatement, directement condamné à restituer la chose? Oui, sous Justinien, où dans les actions réelles le juge condamne « ut rem ipsam cum fructibus restituat (1). » Mais à l'époque classique les actions n'aboutissaient jamais qu'à une condamnation pécuniaire : il semble donc que le créancier ne pouvait pas obtenir la chose elle-même. Il n'en était rien cependant. Nous avons vu, en effet, que l'action hypothécaire était une action arbitraire, c'est-à-dire une action dans laquelle le juge ordonne au défendeur de fournir telle satisfaction qu'il arbitre, faute de quoi il le condamnera. Or, dans notre action l'*arbitrium* consistait dans l'ordre que donnait le juge de restituer la chose au demandeur. Ce n'était qu'au cas où le défendeur se refusait à exécuter le *jussus judicis* qu'il était condamné à payer une certaine somme. La situation du détenteur se ramène donc à une alternative, restituer, sinon être condamné à payer une certaine somme. Examinons chacun de ces partis et voyons ce que comprendra la restitution et la condamnation :

1º Que comprend la restitution ? — L'action hypothécaire est une action *réelle,* elle est la sanction d'un *jus in re ;* ce n'est pas à dire cependant que pour éviter la condamnation le défendeur devra transférer la propriété au demandeur. Le créancier n'a le droit d'exiger qu'une chose, qu'il ne soit pas mis d'obstacle à l'exercice de son droit hypothécaire. Or, pour atteindre son but, la remise de la chose étant suffisante, c'est à cela seulement que sera tenu le défendeur. C'est ce que

(1) *Inst.,* IV, *De off. jud.,* XVII, § 2.

nous dit en termes précis le jurisconsulte Papinien :
« Serviana etsi in rem actio est, tamen nudam possessionem avocat » (L. 66, § 1 ; D., *De Evid.*, XXI, 2).

Outre la chose principale, la restitution doit comprendre aussi les fruits et accessoires.

Nous avons vu que l'hypothèque s'étend à tous les
accessoires de la chose, ils devront donc être compris
dans la restitution. Ainsi on avait hypothéqué la nue-
propriété d'un fonds ; si l'usufruit a été réuni, il sera
soumis à l'hypothèque. Si le fonds hypothéqué s'est
accru par alluvion, il est frappé en totalité par l'hypothèque. On alla même plus loin et on décida que le
droit du créancier subvenait même en cas de transformation complète de la chose : « Si res hypothecæ data,
dit Marcien, postea mutata fuerit æque hypothecaria
actio competit ; veluti de domo datæ hypothecæ et
horto facta ; idem si de loco convenit et domus facta
est. »

Quant aux fruits il faut faire une distinction suivant
qu'il y a eu une constitution spéciale d'hypothèque ou
non.

Lorsque les parties ont hypothéqué spécialement des
fruits, on suit les règles de l'hypothèque de choses
futures ; par conséquent le créancier avait droit à
tous les fruits qui au jour de la séparation auront été
la propriété du constituant ou de ses héritiers (L. 29,
§ 1, D., XX, 1).

Mais ce n'est pas là le cas le plus fréquent ; d'ordinaire aucune convention particulière relative aux
fruits n'est intervenue lors de la constitution d'hypothèque. Nous devons alors nous demander si le créancier a droit aux fruits et dans quelles limites il y a droit.

Pour résoudre la question il faut distinguer deux périodes : celle qui précède la *litis contestatio*, et celle qui la suit.

Pour la période postérieure à la *litis contestatio*, le créancier peut réclamer les fruits sans distinction, c'est là une conséquence du principe qui veut que le demandeur obtienne ce qu'il aurait eu si le défendeur s'était exécuté au jour même de la demande. Mais comme l'intérêt est la mesure des actions, on ne lui adjugera de ces fruits que la quantité nécessaire pour le désintéresser.

Pour le temps qui précède la *litis contestatio*, la solution varie suivant la qualité de la personne du défendeur.

Si c'est contre le constituant lui-même ou ses héritiers que l'action est dirigée, les fruits ayant été perçus par eux, sont facilement hypothéqués : « si mancipiæ in causam pignoris ceciderunt, ea quoque quæ ex his nata sunt eodem jure habenda sunt. » Mais il faut pour cela qu'au moment de leur séparation ils soient la propriété du constituant ou de ses héritiers : « Ita procedit si dominium eorum ad eum pervenit qui obligavit, vel heredem ejus » (1).

Si on est en face d'un tiers acquéreur il ne pourra évidemment obtenir des fruits puisqu'ils n'ont pas été frappés par l'hypothèque, et qu'aucune obligation de restituer n'existe avant la *litis contestatio*.

Enfin nous devons supposer que le créancier est en face d'un possesseur non-propriétaire. D'après certains auteurs le créancier pourrait réclamer tout ce qu'au-

(1) L. 29, § 1, XX, 1.

rait obtenu le propriétaire. Il faudrait donc distinguer entre l'époque classique et le droit de Justinien, et suivant que le possesseur est de bonne ou de mauvaise foi.

A l'époque classique pure le possesseur de bonne foi fait les fruits siens par la séparation (1); il n'est donc soumis à aucune restitution. Sous Justinien, il est tenu de rendre les fruits non consommés en vertu des nouveaux pouvoirs du juge compris dans *l'officium judicis* (2). Cependant il est probable que la législation avait déjà changé dès avant Justinien et dans le sens de la décision qu'il consacre. Cette modification doit être le résultat du sénatus-consulte Jouvencien, qui eut une grande influence sur les principes de la revendication.

Quant au possesseur de mauvaise foi, à l'époque classique pure, il devait restituer tous les fruits qu'il avait perçus. Depuis le sénatus-consulte Jouvencien, il dut restituer les fruits qu'il aurait pu percevoir, et qu'il n'a pas perçus (3). Il est probable qu'à l'époque classique la restitution se faisait en double ; sous Justinien elle n'avait jamais lieu qu'au simple.

J'admettrais volontiers que le possesseur doit être condamné au profit du créancier comme il le serait au profit du propriétaire revendiquant ; cependant je crois qu'il faut faire une double restriction. La condamnation ne sera jamais que subsidiaire, et le possesseur de mauvaise foi lui-même ne pourra être condamné que

(1) L. 4, § 19, XLI, 3; L. 48, § 6, XLVII, 2.
(2) *Instit. Justin.*, § 1, liv. IV, tit. 17.
(3) L. 27, § 3, et L. 35, D., *De rei vind.*, VI, 1.

pour les fruits existants. Cette solution m'est dictée par un texte de Marcien qui me semble bien formel et qu'aucun autre ne contredit : « De antecedentibus fructibus nihil potest (judex) pronunciare, nisi exstent et res non sufficit » (L. 16, § 4, XX, 1).

Telles sont les choses comprises dans *l'arbitrium judicis*. On pourrait se demander comment s'exécutera cet *arbitrium*, mais cette question n'a rien de spécial à la matière qui nous occupe, on appliquera les règles communes à toutes les actions arbitraires (1).

Si le défendeur exécute le *jussus judicis* tout sera terminé; mais il nous reste à voir ce qu'il arrivera s'il ne peut pas ou ne veut pas l'exécuter.

Si le défendeur ne peut pas restituer, parce que la chose a péri sans faute de sa part, il sera absout, car il n'était tenu que, en sa qualité de détenteur, de la chose hypothéquée et non personnellement. S'il ne peut pas restituer immédiatement « quia res longe est vel in provinciis » nous disent les textes (L. 16, § 3, C., XX. 1). Il sera absout à la condition de fournir caution *se restiturum*.

Nous arrivons ainsi au cas où le défendeur ne veut pas restituer, il doit être condamné. Quel sera le montant de la condamnation? Si le défendeur s'est mis par son dol dans l'impossibilité de restituer. Marcien (L. 16, § 3, *De pigno*) nous dit qu'il sera condamné à une somme déterminée selon le mode ordinaire des actions *in rem*, c'est-à-dire à la somme fixée par le demandeur sur la foi de son serment. Mais ce cas mis à part, nous

_____

(1) Voir, pour cette question, M. Pellat, *Commentaire sur la Loi 68* de la *Rei vindicatio*.

devons distinguer avec Ulpien (L. 21, § 3, D., XX, 1),
suivant qu'on agit contre un tiers possesseur ou contre
le débiteur. Lorsque c'est un tiers qui est défendeur,
la condamnation sera égale, en général, au montant de
la créance du demandeur et des accessoires, car c'est
là la mesure de l'intérêt du créancier. Cependant il
peut arriver que la condamnation soit plus forte : ainsi
le demandeur est un créancier gagiste qui doit restituer la chose ; dans ce cas, pour être indemne, le demandeur a droit non seulement à la somme qui représente le montant de sa créance et des accessoires, mais
à toute la valeur de la chose, puisqu'il en est compta-
ble vis-à-vis de son débiteur, lequel peut exiger de lui
le supplément de la créance. Ou bien encore, c'est un
créancier qui a vendu la chose hypothéquée ; il doit
faire tradition ou indemniser l'acheteur de toute la
valeur de la chose vendue.

Si l'action est intentée contre le débiteur, le montant
de la condamnation sera égal au montant de la dette.
Mais alors on peut se demander quel avantage a le
créancier à intenter l'action réelle plutôt que l'action
personnelle. L'avantage à intenter l'action réelle tient
à ce que le défendeur devra, avant la litiscontestation,
fournir des fidéjusseurs pour garantir le paiement de
la condamnation. Si le défendeur ne fournissait pas ces
cautions, la possession de la chose était transférée au
demandeur ; celui-ci prendrait alors le rôle de défendeur, et opposerait à la revendication de son adversaire
son *jus pignoris*.

# CHAPITRE III

## De l'interdit Salvien

Nous avons déjà vu dans notre historique comment est né l'interdit Salvien ; le moment est venu de l'étudier de plus près et d'en décrire le fonctionnement. Nous suivrons dans cet exposé le même ordre que pour l'action hypothécaire. Mais notre tâche sera plus ardue ; l'insuffisance des textes qui nous sont parvenus sur cette matière réduit souvent l'interprète à des conjectures.

### SECTION I

#### Caractères de l'interdit Salvien

L'interdit Salvien est rangé au nombre des interdits *adipiscendæ possessionis* par plusieurs textes (GAIUS, IV, 147. — *Instit. Justin.*, § 3, *in fine de interd.* L. 3, Dig., *de l'interd.*). C'est bien en effet un moyen donné au créancier pour se mettre en possession d'une chose qu'il n'a jamais eue. De là nous devrons donc conclure que celui qui a déjà eu la possession, mais l'a perdue, ne pourra plus user de l'interdit Salvien ; il devra recourir aux interdits *recuperendæ* ou *retenendæ possessionis*.

Parmi les interdits *adipiscendæ possessionis ,* les uns sont *restitutoires* et les autres *prohibitoires.* Nous

n'avons pas de texte qui nous permette de dire d'une
manière assurée dans quelle classe il faut ranger l'interdit Salvien. J'inclinerais à croire qu'il était prohibitoire. Nous voyons, en effet, que les interdits qui le
précèdent au Digeste sont prohibitoires ; de plus, Paul,
dans la Loi 2, § 3, D., *De interd.*, semble bien admettre cette solution, puisqu'il assimile notre interdit à
un interdit prohibitoire. L'intérêt de la question appa-
raît dans la procédure, puisque dans les interdits
prohibitoires, les *sponsiones pœnales* sont obliga-
toires.

SECTION II

**Conditions d'exercice de l'Interdit Salvien**

Nous avons à examiner ce qui est relatif à la personne du demandeur et à celle du défendeur ; nous
ferons donc deux paragraphes.

§ 1

*A qui appartient l'Interdit Salvien*

L'interdit Salvien est donné à tout bailleur d'un
*prœdium rusticum*. Les textes, il est vrai, ne parlent
que du *dominus fundi*, mais on est d'accord pour admettre qu'ils ne visent que le cas le plus ordinaire, et
qu'il faut donner l'interdit à tout créancier qui est
*locator :* ainsi à l'usufruitier, ou possesseur.

Des auteurs sont allés plus loin et ont admis la
création d'un interdit quasi Salvien au profit de tout
créancier hypothécaire, à l'imitation de l'action

quasi-servienne. Cette opinion, que je ne crois pas exacte, a eu et a encore de nombreux et de savants partisans : nous devons donc exposer les arguments sur lesquels elle s'appuie, et nous essaierons de les réfuter.

1° On invoque la Loi 2, § 3, D., *De interd.*, XLIII, 1. Dans ce texte, Paul définit les interdits *adipiscendœ possessionis*, puis les énumère : « Salvianum quoque interdictum, quod est de pignoribus ex hoc genere est. » Le jurisconsulte dit que l'interdit Salvien s'applique à toute chose donnée en gage ; or, si on consulte les textes, on voit que l'interdit Salvien proprement dit ne s'appliquait absolument qu'aux choses qui étaient à la disposition du *locator*. Par conséquent, pour comprendre l'expression large de Paul, il faut admettre qu'il y avait à côté de l'interdit Salvien un interdit quasi Salvien mis à la disposition de tout créancier hypothécaire.

Cet argument n'est pas probant. Paul, en effet, n'a pas l'intention, dans le texte précité, de déterminer quelles sont les choses auxquelles s'applique l'interdit Salvien. Il définit simplement les interdits *adipiscendœ possessionis* et les énumère : « Il y a aussi, dit-il, l'interdit Salvien qui s'applique en *matière de gage.* » Mais il ne précise rien ; et étant donné son but, il n'a rien à préciser. On ne peut donc pas argumenter de ce texte qui n'a trait qu'indirectement à la matière, surtout lorsque nous voyons partout ailleurs que l'interdit Salvien n'était mis qu'à la disposition du *locator*.

2° On tire un second argument de la Loi 1, C., *De precario* (VIII, 9) : « Id enim (interdictum Salvianum) tantummodo adversus conductorem *debitoremve* competit. » Dans cette Constitution, dit-on, l'empereur Gordien déclare que l'interdit Salvien est donné contre tout débiteur ; donc, conclut-on, il appartient à tout créancier.

Ce raisonnement n'a aucune force, parce qu'il dérive d'une mauvaise interprétation de la Constitution de Gordien. Cet empereur, comme nous le verrons plus tard, veut dire simplement que pour qu'il y ait lieu à l'interdit Salvien, le débiteur doit être un *conductor,* sinon il faut recourir à l'action servienne. Il n'y a donc rien à inférer de là quant au point qui nous occupe.

3° Enfin on rapporte la Loi 3, *De pign.,* C. (VIII, 14) : « Creditores qui non reddita sibi pecunia, conventionis legem ingressi possessionem, exercent, vim quidem facere non videntur ; attamen auctoritate præsidis possessionem adipisci debent. » Ce texte, dit-on, décide qu'au cas où un créancier, non payé à l'échéance, se met en possession, conformément à la convention, des biens qui lui ont été régulièrement hypothéqués ; il n'y a pas lieu de croire qu'il a agi avec violence et de lui faire application de la Loi Julia, *De vi privata :* toutefois, il devra s'adresser au magistrat pour acquérir la possession. Or, cette acquisition ne peut se faire que par un interdit, et cet interdit ne peut être autre que l'interdit quasi Salvien.

Nous ne pouvons admettre cet argument. Il s'agit dans ce texte simplement de l'action hypothécaire. Lorsqu'un créancier veut exercer cette action, ne doit-il pas en effet recourir au magistrat, aussi bien que pour obtenir un interdit ? Il y a des textes se référant sans contredit à l'action hypothécaire et qui emploient les expressions que l'on veut nous opposer. Nous citerons la Loi 10 au même titre, où nous relevons le passage suivant : « Persequenti tibi pignora seu hypothecas competentibus actionibus Rector provinciæ auctoritatis suæ auxilium impartiri non dubitabit. » Quant à la question de possession, nous avons vu précédemment qu'elle est aussi du ressort de l'action hypothécaire : « Nudam possessionem avocat, » nous dit la Loi 66 pr., *De evict.*, D., XXI, 2.

Il n'y a donc absolument aucun texte qui permette de conclure à l'existence d'un interdit quasi Salvien, il est par conséquent extrêmement probable que cet interdit n'a jamais été créé. Du reste, pourquoi aurait-on étendu l'interdit Salvien proprement dit ? Il n'y avait aucun motif à cela. Si le créancier voulait pouvoir user des interdits il n'avait qu'à se faire mettre en possession. Sans doute on avait créé l'interdit Salvien en dehors de toute possession, mais on était dans un cas spécial où il y avait des motifs particuliers. On voulait mettre le bailleur d'un fonds rural dans une situation équivalente à celle où était le bailleur d'un *prædium urbanum*. Celui-ci avait un droit de gage sur les meubles apportés dans sa maison et pour conserver ce droit il était autorisé à s'opposer à la sortie de tout objet au moyen de la *perclusio*, c'est-à-dire de la fermeture des portes et des fenêtres. Cette mesure n'était pas applicable aux fonds ruraux ; cependant il fallait protéger le bailleur et par un moyen autre que le gage ordinaire, c'est pourquoi on a créé l'interdit salvien. Mais, hors de ces cas, il n'y a pas de motifs pour ne pas user du *pignus ;* on comprend donc bien que jamais on ait éprouvé le besoin de créer un interdit quasi Salvien.

*De la preuve.* — Le bailleur qui demandera l'interdit Salvien devra prouver deux choses :

1° Qu'il y a eu une convention expresse de gage. Lorsqu'il s'agissait de la location d'un *prædium urbanum,* les Romains admettaient que les choses apportées par le locataire étaient tacitement frappées d'un droit de gage ou profit du *locator.* Il en était autrement lorsque s'il s'agissait du bail d'un *prædium rusticum :* il fallait une convention expresse pour faire naître un droit de gage au profit du bailleur (1). L'affectation tacite des *invecta et illata* au cas de *locatio* d'un *prædium urbanum* s'expliquait par la présomption que telle était la volonté des parties et par l'usage général (2).

Sans cela le bailleur d'un fonds urbain eût été privé de toute garantie. Le *locator fundi* avait au contraire déjà une sûreté dans les fruits produits par le fonds, fruits qui lui étaient tacitement donnés en gage (3).

2° Le demandeur devait aussi prouver que les objets avaient été apportés sur le fonds. C'est ce qui ressort de tous les textes qui parlent de l'interdit Salvien ; tous relèvent cette circonstance qu'il y a eu une *inductio* ou *illatio* (4). Cet apport doit de plus avoir un caractère de permanence ; on n'admettrait pas à réclamer des objets qui ont été déposés sur le fonds tem-

---

(1) L. 4, *In quib. caus,* D., XX, 2; L. 5, C., *De loc.,* IV, 65.
(2) L. 4 pr., *De pactis,* D., II, 14.
(3) L. 7 pr., *In quib. caus.,* D., XX, 2.
(4) L. 1 et L. 2, *De salv. inter.*

porairement ou d'une façon transitoire. C'est ce que nous disent deux textes très précis à ce sujet : « Ea sola quæ ut ibi sint, illata fuerunt » (L. 7, § 1, *In. quib. cons.*) « hoc animo inducti ut ibi perpetuo essent, non temporis causa accomodarentur (L. § 2, *De pignus et hyp.*).

Mais nous ne pensons pas que le créancier ait dû prouver que les objets étaient la propriété du fermier, ni que le *pignus* a été valablement constitué. C'est là une conséquence de ce que l'interdit Salvien n'était qu'une mesure possessoire et provisoire comme nous le démontrerons bientôt. Nous avons vu qu'il en était autrement dans l'action quasi Servienne où le demandeur devait prouver la validité de la constitution de gage et la propriété du constituant.

Telles sont les deux points sur lesquels portera la preuve qu'avait à fournir le demandeur. Il est bien entendu, du reste, que si sa qualité de créancier était mise en doute il devait tout d'abord l'établir. Lorsqu'il s'est agi de l'action quasi Servienne, nous avons dit que si la créance du demandeur était à terme, il ne pourrait agir avant l'échéance. Devons-nous donner la même solution en ce qui concerne l'interdit Salvien ? Nous admettons que le bailleur pourra intenter l'interdit Salvien avant l'échéance. Le bailleur doit pouvoir empêcher que le fermier à la veille du terme puisse faire disparaître le gage. Il atteindra ce but en exerçant l'interdit Salvien de même que le bailleur d'une maison userait de la *perclusio* dans des circonstances semblables. En cela il se borne à maintenir l'état de fait créé par l'*invectio* et l'*illatio*, comme un gagiste nanti de la possession le ferait au moyen de l'interdit *utrubi*. La différence entre cette solution et celle que nous avons donnée sur l'action hypothécaire s'explique par la différence qui existe entre les deux institutions. L'interdit Salvien n'est qu'une mesure conservatoire qui ne touche en rien au fonds du droit, il n'y a donc pas d'inconvénient à permettre de s'en servir avant l'échéance. Cette solution qui dérive des principes est du reste confirmée par Ulpien dans la Loi 14, *De pign.*, D., XX, 1). « Quæsitum est si nondum dies pensionis venit an et medio tempore persequi pignora permittendum est? Et puto dandam pignoris persecutionem. »

## § II

### Contre qui est donné l'Interdit Salvien

L'interdit Salvien pourra être intenté contre le fermier, il n'y a pas de difficultés à cet égard. Mais si c'est un tiers qui détient les objets sur lesquels porte le gage du bailleur, celui-ci pourra-t-il user de l'interdit Salvien? La question est très controversée entre les auteurs. J'admettrai que l'interdit Salvien peut être intenté contre tout possesseur. A l'appui de mon opinion je puis invoquer la Loi 1, § 1, « *De Salviano interdicto,* qui nous dit formellement « adversus extraneum Salviano interdicto recte experientur ». C'est aussi la solution que donne Théophile. Il dit, en effet, dans sa pamphrase, que l'interdit Salvien est donné κατὰ παντὸς κατέχοντος.

Ce qui a fait naître des difficultés, c'est une Constitution de l'empereur Gordien, où on lit ces mots :

V.                                                                    6

« id enim *(Interdictum Salvianum)* sentummodo adversus conductorem debitoremve competit (1) ». D'où on a conclu que l'interdit Salvien ne pouvait être intenté que contre le débiteur, sans qu'il y ait lieu de s'occuper du point de savoir s'il est débiteur en qualité de *conductor* ou à un autre titre. Aussi, pour concilier ce texte avec ceux que nous avons cités plus haut, de nombreux systèmes ont-ils été émis par les commentateurs.

La théorie la plus simple consiste à dire que le Code est en contradiction avec le Digeste, et qu'il faut décider que la Constitution de Gordien abolit la jurisprudence antérieure et exprime seule le dernier état de la législation romaine.

Dans l'ancien droit, Doneau a soutenu que l'interdit Salvien pouvait être donné contre tout possesseur, et pour expliquer la Constitution de Gordien, il propose de lire : « adversus conductoris rem debitorisve » au lieu de « adversus conductorem debitoremve ». Ce qui signifierait que l'interdit ne pouvait être donné d'une manière directe qu'au cas où l'objet engagé appartiendrait encore au débiteur ; en dehors de cette hypothèse, il faudrait recourir à un interdit *utile* semblable à celui dont parle la Loi 1 pr., *De Salv. Interd.* Je ne crois pas que l'on puisse admettre cette correction et l'interprétation qui en résulte. Il faut bien remarquer, en effet, que Gordien ne dit pas qu'il y aura lieu de recourir à un interdit utile, il refuse tout espèce d'interdit et renvoie le créancier à l'action hypothécaire.

(1) L. 1, C., *De Sal. inter.*

Rudorff a proposé une explication dérivant des premiers mots de la Constitution. : « Te non remittente pignus ». Il suppose que les objets sur lesquels portait le gage ont été vendus, mais que le créancier a fait réserve de ses droits. Dans cette hypothèse, le créancier ne pourrait plus intenter l'interdit, mais l'action servienne lui serait encore possible, ainsi que le constate la Loi 4, § 1, *Quib. mod.*, D., XX, 6. Je crois cette interprétation forcée. L'empereur constate simplement que les droits du créancier ont été réservés afin de pouvoir lui donner l'action hypothécaire. On sait en effet que l'aliénation d'un objet hypothéqué faite du consentement du créancier et sans réserve de sa part éteint le droit de gage.

Pour moi, je crois devoir me rallier à l'interprétation que donne M. Machelard après Zimmern et Huschke. Il s'agirait d'un créancier n'ayant pas la qualité de *locator*, comme l'indique la fin de la Constitution où il est parlé de l'action *quasi*-servienne. Gordien répond à ce créancier qu'il ne peut exercer l'interdit parce que cette voie de droit suppose une dette née d'une *conductio;* il faut que le débiteur soit *conductor*. Les expressions *conductorem debiorem*VE devraient donc être lues comme s'il y avait *conductorem debiorem*QUE. Cette traduction n'a, du reste, rien de forcé, car on trouve souvent, même chez les auteurs classiques, la copulative *ve* employée au lieu de *que*. C'est aussi en ce sens que les Basiliques ont interprété la Constitution de l'empereur Gordien. Nous ferons enfin remarquer qu'en admettant cette solution, nous confirmons celle que nous avons donnée sur la question de l'interdit Salvien. Cet interdit n'appartenait qu'au *locator,* mais il pouvait l'exercer contre tout tiers détenteur. D'ailleurs, il faut bien le reconnaître, si on refusait à l'interdit Salvien le pouvoir d'atteindre les tiers détenteurs, on restreindrait singulièrement sa portée, et, en fait, on réduirait presque à rien le secours qu'il pourrait fournir au créancier. Il suffirait en effet au fermier de se dessaisir de la possession pour échapper à son bailleur. Or, je ne crois pas qu'on ait pu consacrer une pareille solution.

Il y a un cas qui fait exception à la règle que l'interdit Salvien est donné contre tout possesseur c'est lorsque le fonds a été affermé par deux propriétaires. Cette hypothèse est prévue par Julien dans la loi 1., § 1., D., *De Sal. Interd.*, XLIII., 33. Ce jurisconsulte distincte suivant que les objets ont été engagés *in solidum* ou *pro partibus*.

1° Les objets ont été engagés de telle façon que chaque bailleur eut hypothèque seulement pour moitié. Dans ce cas on applique les principes ordinaires. Chaque bailleur aura l'interdit pour obtenir la possession d'une moitié, et il pourra l'intenter contre tout possesseur, même contre son propriétaire.

2° Les objets sont engagés à chaque bailleur *in solidum*. Chaque bailleur aura l'interdit Salvien pour le tout contre le preneur et contre les tiers ; mais dans leurs rapports c'est celui qui aura la possession qui triomphera. Cette dernière décision est donc une exception à la règle que nous avons posée, puisque nous trouvons un possesseur contre lequel l'interdit ne pourra être intenté avec succès précisément à cause de sa possession.

Ce n'est pas à dire cependant que le bailleur qui

dans cette dernière hypothèse aura échoué dans l'interdit Salvien, doive se considérer comme définitivement vaincu. Il pourra en effet recourir à l'action servienne comme nous le dit Ulpien : « In salviano interdicto, si in fundum communem duorum pignora sint ab aliquo invecta possessor vincet; et erit eis descendendum ad servianum judicium » (1).

Il résulterait de là par conséquent que la circonstance de la possession, qui est décisive à propos de l'interdit Salvien, devrait perdre sa valeur quand il s'agirait de régler la position des deux propriétaires par l'action servienne. Telle est du moins, l'interprétation que nous adoptons. Mais elle est loin d'être universellement reconnue.

La difficulté vient d'un autre texte d'Ulpien : la Loi 10., *De pign. et hyp.*, D., XX., 1. Dans ce passage le jurisconsulte décide que, dans l'hypothèse qui nous occupe, on suivra dans l'action servienne les principes admis pour l'interdit Salvien. S'il y a eu *obligatio in solidum* on donnera la préférence à celui qui possède ; d'où il suivrait nécessairement que le vaincu dans l'interdit n'aurait plus à recourir à l'action servienne, ce qui est contraire à la Loi 2, *De Salv. Interd.*, précitée.

On a proposé bien des théories pour concilier ces textes : voici celui qu'admet M. de Savigny après Cujas. On pose un principe que l'interdit Salvien n'est possible que de *solida possessione* ; si on est en présence d'un engagement *pro parte* on devra recourir de suite à l'action servienne.

C'est ce qui ressort, dit-on, de la Loi 1, § 1, 2me

(1) L. 2, *De salv. inter.*

phrase *de Sal. Interd.* Prévoyant le cas d'engagement
*pro parte,* Julien indique que le bailleur aura une
*utilis octio* pour obtenir *dimidias partes possessionis :*
Or, cette *utilis octio* n'est autre chose que l'action servienne. Ceci posé on explique alors la loi 2 *de Salv.
Interd.* de la façon suivante.

Dans ce texte Ulpien suppose qu'une affectation *pro
parte* a eu lieu ; le bailleur qui ne possède pas, veut
agir contre son copropriétaire qui possède le tout,
mais il succombe parce que « *possessor vincet* ». Le
jurisconsulte ajoute alors qu'il reste une ressource au
bailleur vaincu c'est de recourir à l'action Servienne.
Dans cette action dit-on on tiendra compte de cette division de l'engagement, impossible à observer sur l'interdit, et en cela on appliquera la Loi 10, *De Pign.,* qui
cesse alors d'être en contradiction avec la loi 2, *De
Salv. Int.*

Je ne crois pas cette solution exacte. Rien ne prouve
en effet, que l'interdit Salvien n'était possible qu'en
cas d'engagement *in solidum* et non en cas d'une
affectation pour partie. D'autre part, on dit que Julien
visant cette hypothèse de *l'obligatio pro parte,* donne,
non pas l'interdit Salvien, mais l'action Servienne parce
qu'il se sert des mots *utilis actio.* Cet argument
n'est pas probant. Le mot *actio* en effet est employé
par les jurisconsultes pour désigner l'interdit (L. 37,
*De Oblig. et Act.* D., XLIV, 7). Quant au mot *utilis,* il
signifie que l'interdit sera intenté avec succès. C'est
déjà dans le même sens que dans le même texte le
même jurisconsulte emploie le même mot. Or, si l'interdit Salvien peut se donner dans le cas d'engagement *pro parte* et amener le résultat indiqué dans la

Loi 1, § 1, *In fine de Salv. Ins.*, il devient évident que la Loi 2, d'Ulpien ne peut plus se référer à ce cas. Alors, en effet, on ne peut plus dire : *possessor vincet*, chaque bailleur devant obtenir une satisfaction en proportion de son droit indépendamment du fait de la possession. Par conséquent, il faut admettre l'interprétation que nous avons donnée de la loi 2.

Mais il reste une difficulté : comment expliquer la Loi 10 ; *De Pign.* qui se trouve en contradiction avec la Loi 2, *De Salv.* La voici :

Si on rapproche la loi 10 de *Pignoribus* de la loi 1, de *Salv.* on peut remarquer que ces deux lois semblent copiées l'une sur l'autre : on y trouve les mêmes idées exprimées dans le même ordre et avec les mêmes mots. Or, j'inclinerais à croire qu'Ulpien a copié dans la Loi 10 la solution que donnait Julien dans le texte qui forme la Loi 1, *de Salv.*, et que tous deux se réfèrent donc à l'interdit Salvien. Ces sont les compilateurs de Justinien qui ont appliqué le texte d'Ulpien à l'action Servienne. L'interdit Salvien n'était guère en usage de leur époque et ils ont transporté à l'action Servienne des décisions que les jurisconsultes classiques donnaient pour cet interdit. Ce qui tendrait à confirmer cette manière de voir c'est que la rubrique de la Loi 10 indique qu'elle est tirée du livre 75 du commentaire *ad Edictum* ; or, nous savons que c'est précisément dans ce livre qu'Ulpien traitait de l'interdit Salvien. Du reste si on conçoit rationnellement que dans l'interdit qui n'est qu'un moyen possessoire, et ne donne qu'un avantage provisoire, on fasse triompher celui qui possède, on ne comprend plus la même solution sur l'action Servienne où le débat porte sur l'existence ou l'inexistence d'un Droit réel indépendant de tout fait matériel de possession.

SECTION III

### Les effets de l'interdit Salvien

Nous devons rechercher ici quels avantages le bailleur retirait de l'exercice de l'interdit Salvien. Nous avons déjà eu plusieurs fois l'occasion de faire pressentir notre opinion, le moment est venu de la justifier. Pour nous, l'interdit Salvien n'était qu'une mesure possessoire, ne statuant que sur la question de possession, sans toucher au fond du droit. Voici les motifs qui nous ont déterminé :

1º L'interdit Salvien est rangé par tous les jurisconsultes au nombre des interdits *adispiscendœ possessionis*. Or, les interdits de cette catégorie n'ont d'autre effet que d'attribuer la possession à celui qui les exerce. Je citerai plus particulièrement l'interdit *quorum bonorum* et l'interdit *de itinere utendo* entre lesquels le jurisconsulte Paul place l'interdit Salvien en disant : « ex hoc genere est (1). »

2º L'interdit Salvien ne se donnait plus si le créancier avait déjà eu la possession des objets engagés et l'avait perdue. Or, si l'interdit statuait sur le fond même du droit il me semble bien difficile d'expliquer cette décision. Lorsqu'un créancier gagiste vient à

_____

(1) L. 1, § 3, *De interdictis.*

perdre la possession, il n'est pas pour cela déchu de
son droit de gage, il peut toujours le faire reconnaître
par l'action Servienne. Le droit de gage est donc indépendant de la possession, et en conséquence il
semble impossible de pouvoir admettre que la perte
de la possession puisse aboutir à la déchéance d'un
moyen relatif au fond du droit. C'est cependant le résultat auquel on arrive si on fait porter l'interdit Salvien sur le fond du droit, puisqu'il ne se donne plus
lorsqu'après avoir possédé on a perdu la possession.
Dans notre opinion, au contraire, cette anomalie ne se
rencontre pas. L'interdit Salvien n'est qu'un moyen
possessoire et de la catégorie des interdits *adipiscendæ possessionis* : il est donc tout naturel qu'on le refuse, lorsque le créancier a perdu la possession après
avoir possédé, puisque c'est dans les conditions d'exercice de ce genre d'interdits.

3° Notre solution seule peut expliquer d'une façon
satisfaisante la Loi 21, D., *De pign. et hypoth* (XX, 1).
Dans ce texte Ulpien suppose qu'une convention a été
faite entre un *colonus* et le mandataire du *dominus
fundi* et il décide que cette convention aura la même
valeur que si le *dominus* était intervenu personnellement. Ulpien traitait cette question à propos de l'interdit Salvien, comme le prouve la rubrique du texte,
on peut donc dire que par là il entendait donner l'interdit au mandant directement. Or, cette décision ne se
comprend qu'autant que l'interdit Salvien ne touchera
qu'une question de possession. Les Romains, en effet,
admettaient bien l'acquisition de la possession *per extraneam personam*, mais là se bornaient les effets du
mandat en ce qui concerne l'acquisition des droits ;

spécialement en ce qui concerne le droit de gage, le même Ulpien nous dit : « Obligatio pignoris per extraneam personam non acquiritur (1). » Par conséquent, si un mandant peut acquérir par l'entremise de son mandataire le droit d'intenter l'interdit Salvien, c'est que cet interdit n'avait trait qu'à la possession ;

4° Enfin, la Loi 2, *De Salviano interdicto*, nous dit que celui qui a succombé dans l'interdit « quia possessor vincet », pourra recourir à l'action Servienne. Or, cette décision ne se comprend qu'autant que l'interdit n'aura pas tranché le fond du droit ; car s'il en était autrement comment pourrait-on intenter l'action Servienne ?

Pour nous donc, l'interdit Salvien n'est qu'une voie possessoire, il n'a d'autre effet que de trancher une question de possession. Cette solution a aussi cet avantage de nous permettre de rendre compte de l'utilité de l'interdit Salvien en face de l'action Servienne. Les auteurs qui n'admettent pas notre opinion sont très embarasssés, mais ils tournent la difficulté par un moyen bien simple : ils déclarent que l'interdit Salvien disparût lorsque l'action Servienne fût créée. Ceci nous semble impossible à admettre : les textes qui nous sont parvenus protestent en effet contre cette assertion. L'interdit Salvien a coexisté avec l'action Servienne : c'étaient deux voies de droit différentes, ayant chacune des conditions propres et produisant des effets différents. L'interdit Salvien n'était qu'une mesure possessoire ; celui qui l'intentait n'obtenait que la possession ; mais, pour triompher, il n'avait pas à

_____

(1) L. 11, § 6, *De pign. act.*, XIII, 7.

prouver la validité de la constitution de gage, et il pouvait agir avant l'arrivée de l'échéance puisqu'il ne s'agissait que d'une mesure provisoire et conservatoire. L'action quasi Servienne, au contraire, était assujettie à des conditions plus rigoureuses, mais produisait aussi des effets plus sérieux. Le débat portait sur le fond du droit ; le demandeur devait prouver la validité de son droit de gage ; on ne pouvait agir avant l'échéance, mais en retour, la question était tranchée d'une façon définitive.

# DU DROIT DE SUITE

## PAR HYPOTHÈQUE

### EN DROIT ROMAIN ET EN DROIT FRANÇAIS

## DROIT FRANÇAIS

### GÉNÉRALITÉS

Nous venons de voir quelles étaient, en droit romain, les garanties que les créanciers trouvaient dans
l'hypothèque et plus spécialement dans un de·ses
attributs, le droit de suite. Nous allons rechercher
maintenant, en nous plaçant au même point de vue,
quelles sont les solutions qu'a consacrées notre législation.

Il est de principe dans notre droit, comme nous
l'avons déjà dit, que toutes les fois qu'une personne
devient débitrice, elle affecte son patrimoine entier à
la sûreté de son obligation.

Il est possible que le créancier confiant dans l'hon-
nêteté et la solvabilité de son débiteur se contente de
ce gage général ; mais fréquemment aussi il demandera une garantie plus efficace, une sûreté spéciale
soit réelle, soit personnelle. C'est que ce droit de gage
général que consacre l'art. 2092 du Code civil est bien
imparfait, et présente bien des inconvénients. Le débiteur conserve, en effet, le droit de contracter de nouvelles dettes ; or, il est évident que ses nouveaux
créanciers, venant en concours avec les anciens, dimi-
nueront la part, que ceux-ci pouvaient espérer prendre dans le patrimoine de leur débiteur, en paiement
de leur créance. D'un autre côté, sans augmenter le
nombre de ses créanciers, le débiteur pourra très bien
les priver de leur gage. Il conserve, en effet, le droit
d'aliéner ses biens, et les aliénations qu'il consent leur
sont opposables.

On conçoit donc aisément que les créanciers cher-
chent un moyen de se soustraire à des éventualités
aussi fâcheuses ; or ce moyen, ils le trouvent notamment dans l'hypothèque. L'hypothèque en effet est un
droit réel en vertu duquel un immeuble est affecté d'une
façon spéciale à l'acquittement d'une dette. Le créancier hypothécaire a le droit de saisir le bien grevé, de
le faire vendre, et de se faire payer sur le prix, par
préférence à tous les autres créanciers postérieurs en
rang. Ainsi le premier danger est conjuré, et peu im-
portera que le débiteur fasse de nouvelles dettes. Mais
si le droit de préférence était le seul attribut de l'hypothèque, le remède serait insuffisant. A quoi servirait
à un créancier de pouvoir se dire qu'il sera payé
avant tous les autres, si le débiteur reste maître, en

aliénant ses biens, de faire disparaître le gage, et de frustrer tout le monde. Pour être véritablement efficace, la protection, qu'on donnait aux créanciers, devait les mettre à l'abri de ce second péril ; elle devait les protéger contre les aliénations du débiteur. Or, c'est ce que fait le droit de suite, second attribut de l'hypothèque, complément et sanction du droit de préférence.

Le créancier, en effet, peut suivre l'immeuble qui lui est affecté en quelques mains qu'il passe, pour le saisir, le faire vendre et exercer son droit de préférence ; le voilà donc à l'abri des aliénations que pourra faire son débiteur. Ce résultat se justifie par la nature même du droit qui l'engendre. L'hypothèque, en effet, est un droit réel, c'est une *obligatio rei* suivant le langage des Romains, et le droit de suite qui n'en est qu'un attribut, une manifestation, participe de sa nature. Or, le droit réel met en rapport une chose directement avec une personne ; il permet à celui qui en est titulaire d'agir sur cette chose, abstraction faite de la personne qui peut la détenir, il est en un mot absolu et opposable à tous. C'est ainsi que les tiers peuvent être atteints par l'exercice du droit de suite, parce qu'ils sont détenteurs de la chose qui en est l'objet. Personnellement ils ne sont donc obligés à rien, et les créanciers ne peuvent éxiger qu'une chose : n'être pas gênés dans l'exercice de leur droit.

L'hypothèque, tout en étant un droit réel, diffère des autres droits de la même nature sur un point qui mérite d'attirer notre attention : c'est quant aux objets sur lesquels elle porte.

Dans le Droit Romain, nous l'avons vu, on admettait

l'hypothèque sur toute chose pouvant être vendue. Dans l'ancien Droit on avait d'abord admis le principe Romain, mais on ne tarda pas à s'en écarter. Loyseau (1) nous en fait connaître les motifs. Les meubles n'ont pas une subsistance permanente et stable comme les immeubles ; ils se modifient et se dissimulent trop aisément pour pouvoir servir d'assiette à un droit tel que l'hypothèque ; d'autre part l'affectation hypothécaire des meubles serait de nature à nuire au commerce. Pour ces motifs, la coutume de Paris, et beaucoup d'autres avec elle, rejetait absolument l'hypothèque sur les meubles, et pour elle la maxime : « Meubles n'ont pas de suite par hypothèque » signifiait que l'hypothèque de meubles n'était pas possible.

Quelques coutumes cependant, telles que celles de Normandie, du Maine et de l'Anjou n'étaient pas aussi absolues et ne rejetaient l'hypothèque des meubles que dans une certaine mesure.

Ce qui avait frappé dans ces coutumes c'était le dernier motif que j'ai cité, celui qui invoque l'intérêt du commerce et des tiers acquéreurs.

Aussi décidait-on que l'hypothèque pouvait bien porter sur des meubles, mais seulement quant à *la suite concernant le créancier postérieur*, en ce sens que les créanciers qui avaient accepté les meubles comme un gage hypothécaire, n'avaient droit au prix que selon l'ordre de leur hypothèque ; au contraire on l'avait rejetée quant à *la suite concernant l'acheteur*, en ce sens que si les meubles hypothéqués avaient été ven-

---

(1) LOYSEAU, *Des offices*, liv. III, chap. v, n° 23 et suiv.

dus, l'acheteur en était régulièrement propriétaire, et n'avait pas d'éviction à craindre de la part des créanciers du vendeur (1).

Le Code civil (2) dans son article 2119, reproduit la maxime que Loyseau nous donne comme une règle et un proverbe de pratique : « Meubles n'ont pas de suite par hypothèque. » Or, comment devons nous l'entendre. Est-ce dans le sens de la coutume de Paris et de la majorité des coutumes, c'est-à-dire que l'hypothèque ne peut porter sur des meubles, ou bien dans le sens de la coutume de Normandie, à savoir que l'hypothèque portera sur les meubles, mais n'ayant comme attribut que le droit de préférence et non le droit de suite. Je crois que c'est à la coutume de Paris qu'il faut se rattacher : c'est elle qui presque toujours fut le guide des rédacteurs du Code civil.

D'autre part les articles 2114 et 2118 ne parlent que de l'hypothèque sur des immeubles et ne permettent pas d'admettre l'hypothèque sur les meubles même entre les mains du propriétaire.

On a fait une objection : on a dit qu'avec l'interprétation que nous donnons de l'art. 2119 on rend ce texte inutile, les art. 2114 et 2118 ne prohibent-ils pas déjà l'hypothèque sur les meubles ! Il faut donc expliquer autrement le texte et dire qu'on doit « l'entendre des meubles qui étaient devenus immeubles par destination et qui ont été affectés de l'hypothèque avec

(1) Loyseau, loc. cit., n° 27.
(2) Le Code de commerce assimile en plusieurs points les navires aux immeubles. Une loi du 10 décembre 1874, allant plus loin dans cette voie, a permis de constituer des hypothèques sur les navires, et en règle le fonctionnement.

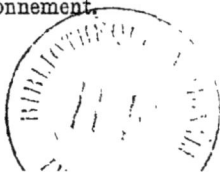

l'immeuble, mais qui, une fois séparés du fonds ne peuvent être saisis par voie d'hypothèque, parce que par la séparation ils ont repris le caractère de meubles ordinaires » (1).

Cette solution est exacte, mais elle ne découle pas de l'art. 2119.

Elle est une conséquence de l'art. 2118 ; puisque ce texte déclare que ce n'est qu'en qualité d'accessoire que les immeubles par destination sont soumis à l'hypothèque, on doit en déduire que lorsqu'ils perdent leur qualité d'accessoire ils sont affranchis de l'hypothèque.

Le système que nous combattons ne donne donc pas à la loi l'utilité que l'on prétend que nous lui enlevons. Bien plus, nous dirons qu'il est dangereux.

En effet, en enlevant aux créanciers le droit de suite tel qu'on l'entend, il semble bien que c'est en faveur du tiers acquéreur ; or, si nous supposons que le propriétaire a conservé ces meubles malgré leur séparation il faudrait dire qu'ils sont encore frappés d'hypothèque : ce résultat est absolument contraire à l'article 2118, et ne saurait être admis.

Les biens immobiliers seuls peuvent donc être soumis au droit de suite. Cependant il ne faudrait pas prendre cette formule à la lettre, il y a des biens immobiliers eux-mêmes qui ne peuvent être hypothéqués, ce sont ceux qui ne peuvent être vendus aux enchères : les servitudes par exemple. Le motif en est que le droit de suite ayant essentiellement pour but de permettre aux créanciers de vendre le bien hypothéqué pour se

(1) DURANTON, t. IX, n° 280.

payer sur le prix, il faut nécessairement que ce bien soit susceptible d'être vendu selon les formes prescrites par la loi.

Tels sont les caractères généraux de ce droit de suite que nous devons étudier en détail, le législateur l'a consacré dans l'article 2166 : « Les créanciers ayant privilége ou hypothèque inscrite sur l'immeuble le suivent en quelques mains qu'il passe pour être colloqués et payés suivant l'ordre de leurs créances ou inscriptions. »

Nous avons vu à quels inconvénients, il remédie ; il suppose, nécessairement que le bien hypothèque est sorti du patrimoine du débiteur, et il permet aux créanciers hypothécaires de le ressaisir. Mais évidemment cette poursuite atteint les tiers ; le législateur a donc dû imposer aux créanciers certaines conditions permettant à ces tiers d'être avertis. Cette condition c'est la publicité du droit hypothécaire comme nous l'indique l'art. 2166 précité. Notre marche est donc toute tracée. Nous devons étudier cette publicité imposée aux créanciers ; puis le droit de suite supposant une aliénation nous devons rechercher si toutes les aliénations donnent lieu au droit de suite, l'influence en un mot qu'elles ont sur ce droit. Ce sont là en quelque sorte les conditions d'existence du droit de suite et qui nous sont indiquées par l'art. 2166.

Nous devrons voir ensuite les règles qui régissent l'exercice du droit et notamment la situation faite au tiers détenteur.

Donc :

Chapitre I. — Conditions de publicité du droit de suite.

Chapitre II. — Des Aliénations au point de vue du Droit de suite.

Chapitre III. — Règles relatives à l'Exercice du Droit de suite.

# CHAPITRE I

## De la publicité du droit de suite

Le droit de suite permettant aux créanciers hypothécaires d'atteindre des tiers, il faut nécessairement que ceux-ci soient avertis du danger qu'ils courent afin de pouvoir le conjurer. D'autre part les créanciers eux-mêmes et le débiteur ont aussi intérêt à la publicité de l'hypothèque : les créanciers, puisque la sûreté qu'ils demandent à l'hypothèque ne sera réellement efficace que s'ils se trouvent en rang utile pour exercer leur droit de préférence ; le débiteur, car il ne trouvera des prêteurs qu'autant qu'il pourra les assurer qu'il lui reste encore dans son patrimoine des biens libres en quantité suffisante pour garantir leur créance. Le crédit public exigeait donc la publicité du droit hypothécaire, c'est ce que les rédacteurs du Code ont compris en exigeant dans l'art. 2166 l'inscription des priviléges en hypothèques pour l'exercice du droit de suite.

La route, du reste, leur avait été tracée par le législateur de l'époque intermédiaire, qui, lui-même, en cette matière, n'avait fait que céder aux justes réclamations de l'opinion publique protestant contre la clandestinité des hypothèque admise par l'ancien droit à la suite du droit romain. On s'étonne même, à première vue, qu'une mesure si utile ait mis tant de temps à être consacrée par la loi, surtout lorsque l'on se rend compte des nombreux inconvénients qui résultaient du système de l'hypothèque occulte. Il est donc éminemment intéressant, avant d'étudier les détails et la réglementation de la publicité, d'en rechercher les origines et de suivre son développement à travers les législations.

Nous ferons donc dans ce chapitre deux sections. Dans la première, nous étudierons l'histoire de la publicité jusqu'au moment où le principe en fut posé par la législation intermédiaire. Dans la seconde, nous verrons comment elle a été réglementée depuis la législation intermédiaire jusques et y compris la Loi du 23 mars 1855.

## SECTION I

### Historique de la Publicité du Droit de suite

La législation grecque avait admis un certain système de sûretés réelles, mais sur cette matière, comme sur tout le droit grec, nous n'avons que fort peu de renseignements. Il paraît cependant certain que la convention d'hypothèque était entourée de quelque publicité. Elle était signée de témoins, déposée dans les mains d'un banquier et probablement transcrite sur un registre public, au moins quand il s'agissait d'une hypothèque sur des immeubles. De plus, dans ce dernier cas, on plantait sur l'immeuble hypothéqué un poteau (ὅρος) avec une inscription indiquant le nom du créancier et le montant de la dette. Mais il serait très difficile de préciser la nature de l'hypothèque ; elle fût toujours assez mal organisée, et l'on était même peu fixé sur la terminalogie. On disait qu'un objet avait été vendu à réméré pour indiquer qu'il était hypothéqué. C'est ce qui ressort du discours de Démosthène contre Apaturus, où il est dit que le créancier achète le navire et les esclaves jusqu'à ce qu'il ait été remboursé. Quant à l'action du créancier pour poursuivre son droit, il est bien difficile de dire quelle elle était dans cette législation qui n'avait pas d'expression pour désigner le droit de propriété, ni l'action en revendication qui en est la sanction. Il est à supposer que le créancier n'avait que l'action générale appelée δίκη ἐξούλης accordée à tout individu qui se prétendait victime de quelque usurpation et dans laquelle il fallait être, pour triompher, en présence d'un adversaire violent et de mauvaise foi.

Nous avons vu précédemment comment les Romains avaient organisé leur régime hypothécaire. Chez eux, l'hypothèque fut toujours occulte. S'ils avaient emprunté ce genre de sûreté à la Grèce, comme on l'a dit, il est probable qu'ils auraient établi aussi quelque mode de publicité. On comprendrait d'autant moins qu'ils n'aient pas appliqué leur génie à développer ce côté de l'institution, que c'était surtout par là qu'elle pouvait servir le crédit public, et que la constitution de tous les autres droits réels était environnée de solennités qui en faisaient la publicité.

Ce défaut de publicité avait frappé d'inertie toute la théorie de l'hypothèque romaine, sans doute admirablement construite, mais semblable pour emprunter la comparaison de M. Accarias « à une horloge bien réglée, dont le cadran ne marquerait pas les heures. » Les correctifs que l'on avait imaginés étaient insuffisants. Le *crimen stellionatus* encouru par le constituant (1), le moyen de preuve préférable accordé par l'empereur Léon aux créanciers dont l'hypothèque était constatée soit par acte public, soit par acte privé portant signature de trois témoins irréprochables, tout cela ne donnait pas des résultats suffisants. Pour attribuer quelque valeur à l'acte public, il aurait fallu que les tiers eussent toute facilité de le connaître, et quant à l'acte privé, la signature de trois témoins n'était évidemment qu'une médiocre mesure de publicité.

Dans le droit germanique, la plus ancienne forme du gage était ce qu'on appelait la *statzung*, qui s'opérait en justice par tradition *(gerichtliche auflassung)*. Le créancier était matériellement mis en possession du bien de son débiteur et en jouissait. Il y avait là une certaine analogie avec la Fiducie des Romains. Le débiteur ne recouvrait sa chose qu'en désintéressant le créancier; s'il ne payait pas, le créancier devenait propriétaire. On reconnut aussi bientôt les inconvénients de cette remise matérielle, et on admit comme garantie pour le débiteur un droit réel constitué en justice avec toutes les solennités requises pour en assurer la publicité.

(1) Voy. sur ces points notre première partie.

Une fois cette première transformation opérée dans la nature de la *statzung*, on en vint promptement à l'idée d'instituer des registres publics sur lesquels les affectations d'immeubles devaient être consignées, et de substituer à la forme orale de la constitution de l'hypothèque en justice la formalité de l'inscription sur des registres spéciaux (*Ingrossation*) (1).

Toutefois, au XVIe siècle, sous l'influence du droit romain, des jurisconsultes voulurent que l'hypothèque put être constituée par un simple contrat dénué de toute forme sacramentelle, sans nulle inscription ni publication ; l'hypothèque inscrite devait seulement jouir par rapport aux autres des avantages du *pignus publicum* des Romains, spécialement d'une présomption d'antériorité ; de plus, on reconnaissait toute une série d'hypothèques légales et de priviléges dispensés d'*Ingrossation*.

Ces idées sur la publicité furent loin de se développer aussi rapidement dans notre ancienne France. Par suite des troubles des invasions, et de l'état social qui en résulta, pendant longtemps le droit hypothécaire fut inconnu jusqu'au moment où les progrès du commerce et les besoins du crédit en exigèrent le rétablissement. Mais on était alors à l'époque de la renaissance du droit romain, et l'on s'adonna à sa culture avec enthousiasme. Aussi les jurisconsultes ne firent-ils que remettre en vigueur la législation romaine sur le régime hypothécaire, sauf quelques modifications de détail.

(1) *Stadrecht, de Munich*, art. 32, *et de Fribourg* (de l'an 1520), II, 8.

Nous retrouvons donc dans notre ancien droit le vice essentiel du régime hypothécaire romain que nous avons déjà signalé : Le défaut de publicité. Nous voyons les anciens jurisconsultes eux-mêmes se plaindre de ce système : « A la vérité, nous dit Loyseau, il « n'y a nul inconvénient pour le regard du débiteur, « car il est bien raisonnable de le faire bon payeur par « tous moyens ; mais l'inconvénient est grand à « l'égard d'un tiers acquéreur de bonne foi, qui pensant « être bien assuré de ce qu'on lui vend, et qu'on met « en sa possession sachant bien qu'il appartenait à « son vendeur, s'en voit enfin évincé et privé, par un « malheur inévitable, au moyen des hypothèques pré-« cédentes, lesquelles étant constituées secrètement, « il ne lui était pas possible de les savoir ni de les « découvrir (1). »

Ces inconvénients se faisaient surtout sentir dans les pays du Midi qui suivaient plus strictement le Droit romain ; tandis que dans les pays coutumiers ils étaient atténués par certaines traditions venant de la féodalité.

Dans les pays où s'appliquait la maxime : « Nulle terre sans seigneur ; » on n'admettait aucune constitution de droits réels sans l'intervention du seigneur. Le vendeur ou le constituant remettait au seigneur un fêtu de paille représentant la chose et s'en dessaisissait ainsi (c'était le devest) ; puis le seigneur remettait le fêtu à l'acquéreur et l'investissait (c'était le vest). Mais ces procédés de l'ensaisinement féodal avaient disparu dans beaucoup de coutumes. Ce n'était

(1) Loyseau, *Déguerpissement*, ch. 1, n° 16.

plus qu'un prétexte au paiement de droits de mutation. Il n'y avait plus qu'une tradition feinte par l'insertion de la clause de dessaisine-saisine, devenue de style, dans les actes notariés. Toute publicité avait disparu.

Cependant certaines coutumes du Nord, notamment celles de Flandre, de Picardie, de Champagne étaient restées plus fidèles aux traditions féodales. Ces coutumes exigeaient pour la validité de l'hypothèque une formalité spéciale appelée *nantisssement*, d'où leur vint le nom de *pays de nantissement*. Le nantissement se faisait de trois façons : 1º par saisine-dessaisine ; 2º par main-assise, et 3º par mise de fait. La saisine-dessaisine, que l'on appelle aussi rapport d'héritage, n'est autre chose que le procédé de vest et devest que j'ai indiqué précédemment. « La main-assise a lieu quand le créancier à qui l'héritage est obligé, y faisait asseoir la main du roi ou de justice, et fait ordonner par le juge, l'obligé et le seigneur direct appelé, que la main-assise tiendra jusques à ce qu'il soit payé. La troisième façon de nantissement a lieu par mise de fait quand le créancier par commission du juge se fait mettre de fait et décréter de droit en la possession de l'héritage qui lui est hypothéqué ayant ajourné pour cet effet l'obligé et le seigneur direct. (1) »

Il y avait encore une autre forme de nantissement plus simple et usitée surtout dans les coutumes de Laon et Reims. Le créancier exhibait au sergent haut justicier son contrat portant hypothèque et le requerrait que pour sûreté de la dette. Il fut nanti par hy-

(1) Loyseau, *Traité du Déguerpissement.*

pothèque de l'héritage, et que désormais il ne fît aucun autre nantissement ni dessaisine. De cette communication il est dressé acte qui reste au greffe ; puis au dos du titre, le greffier mentionne l'accomplissement de cette formalité (1).

A diverses reprises on essaya de généraliser le principe de publicité des pays de nantissement.

La première tentative fut faite, d'après certains auteurs, au moment de l'invasion des Anglais. Henri VI aurait prescrit l'usage des nantissements par lettres patentes de mai 1424. Quoiqu'il en soit de cette innovation, l'époque de trouble où elle aurait été faite n'était pas de nature à la rendre durable, et tout porte à croire qu'elle a dû disparaître avec la domination de celui qui avait voulu l'introduire.

En 1580, Henri III rendit un édit par lequel il créait dans chaque siége royal un contrôleur de titres et prescrivait que « tous les contrats excédant cinq écus fussent contrôlés et enregistrés ; faute de quoi on n'acquerrait point de droit de propriété ni d'hypothèque sur les héritages. »

Cet édit ne reçut jamais qu'une exécution incomplète et fut révoqué en 1588 par l'édit de Chartes.

Sully eut l'idée d'organiser la publicité de l'hypothèque : « Je voudrais, dit-il dans ses mémoires (Livre XXVI), qu'aucune personne, de quelque condition et qualité qu'elle pût être, ne pût emprunter, sans qu'il fût déclaré, quelles dettes pouvait déjà avoir l'emprunteur, à quelles personnes, sur quels biens. » Il fit revivre l'édit de 1580 par une déclaration de 1606,

(1) LOYSEAU, loc. cit.

mais qui ne fût acceptée que dans le Parlement de Normandie.

Un troisième essai est dû au génie de Colbert. En 1673, il fit un édit ayant pour but, dit le préambule : « de rendre publiques toutes les hypothèques et de perfectionner par une disposition universelle ce que quelques coutumes de notre pays avaient essayé de faire par la voie du nantissement et des saisines. »

A cet effet il établit dans chaque bailliage des greffes où devaient être tenus des registres publics pour y enregistrer tous les titres de mutation de propriété et les oppositions afin de conserver les hypothèques en cas d'aliénation du gage.

Mais cet édit qui eût pu rendre de si grands services au crédit public n'eût qu'une existence éphémère. Il frappait au cœur la noblesse qui ne pouvait soutenir son rang que par des emprunts réitérés et la publicité était la ruine de son crédit. « Le Parlement, dit Colbert lui-même dans son testament politique, n'eût garde de souffrir un si bel établissement qui eût coupé la tête à l'hydre des procès dont il tire toute sa substance. Il démontra que la fortune des grands de la cour s'allait anéantir par là, et qu'ayant pour la plupart plus de dettes que de biens ils ne trouveraient plus de ressources, d'abord que leurs affaires seraient découvertes. Ainsi ayant su sous ce prétexte engager quantité de gens considérables dans leurs intérêts, ils cabalèrent si bien tous ensemble qu'il fût sursis à l'édit qui en avait été donné. » En effet, cet édit fut rapporté en 1674.

## SECTION II

### De la réglementation de la publicité du droit de suite

Dès les premiers jours de la Révolution on demanda une réforme du système hypothécaire basée sur le principe de publicité.

La loi du 9 messidor an III fut la première qui présenta un ensemble de dispositions législatives sur cette matière. Elle admettait la publicité de l'hypothèque. Au point de vue du Droit de suite cette loi avait un inconvénient. Elle donnait aux créanciers un mois pour s'incrire, en déclarant que la formalité accomplie dans ce délai rétroagirait au jour de la naissance de l'hypothèque. C'était là un grand danger pour les tiers. D'autre part, cette même loi avait organisé le système des cédules hypothécaires qui, disait-on, facilitait outre mesure la mobilisation des héritages. Ces griefs firent tomber la loi de messidor ; elle fut définitivement abrogée par la loi du 2 brumaire an VII.

Cette loi peut être considérée comme la base du régime hypothécaire moderne. Nous devons donc rechercher quelles furent, à partir de ce moment, les conséquences de la publicité au point de vue du droit de suite et notamment à quelle époque il faut qu'un créancier ait publié son hypothèque pour qu'il puisse l'exercer. Nous verrons aussi qu'il y a des cas où aucune publicité n'est exigée. Cette exception, qui pourrait sembler étrange, peut cependant s'expliquer :

lorsqu'en effet le législateur a jugé qu'il y avait lieu d'accorder par faveur à certains droits la garantie d'une hypothèque, il a bien pu étendre cette faveur jusqu'à dispenser ces hypothèques des règles ordinaires de la publicité.

Toutefois, depuis la loi de brumaire, des changements se sont produits dans la législation sur notre matière. Afin d'étudier ces variations, nous partagerons notre section deuxième en quatre paragraphes, correspondant chacun à une période de la législation.

## § I

### *Régimes de la loi du 11 brumaire an VII*

La loi de brumaire exige la transcription pour le transfert de la propriété, et l'inscription pour la constitution de l'hypothèque. Pour qu'un créancier hypothécaire pût exercer son droit, il fallait qu'il l'eût inscrit antérieurement à la transcription de l'aliénation qui dessaisit celui de qui il tient son hypothèque. Le motif de cette solution est le suivant: l'hypothèque n'existe que par la publicité ; si donc l'acquéreur fait transcrire à une époque où le créancier n'a pas encore révélé son hypothèque par l'inscription, il doit croire que l'immeuble dont il devient propriétaire n'est pas grevé ; si le créancier de l'aliénation pouvait inscrire ensuite et faire valoir son hypothèque, ce serait admettre la constitution d'un droit réel faite *a non domino*. C'est là une application de ce principe que nous retrouverons souvent, à savoir que tout événement qui empêche une personne de constituer une hypothèque empêche ceux qui ont une hypothèque régulière de son chef de l'inscrire ; ici cet événement, c'est la transcription.

La nécessité de l'inscription était absolue sous la loi de brumaire qui n'admettait de dispense pour personne, ni pour les mineurs, ni pour les femmes mariées.

### § II

*Régime du Code civil*

Les principes sur la publicité ont changé. La transcription n'est plus requise pour la translation de la propriété. Aussi les rédacteurs du Code civil, qui admettent le principe qu'on ne peut plus prendre des mesures de conservation pour un droit qui ne pourrait être constitué, décident-ils que l'inscription doit être faite avant l'aliénation; sauf pour les donations où il suffira que l'inscription soit prise avant la transcription.

L'art. 2166, qui exige l'inscription pour l'exercice du droit de suite, le fait en des termes qui ont fait naître quelques doutes sur sa portée. Ce texte, en effet, nous dit : « Les créanciers ayant privilége ou hypothèque *inscrite...* » L'adjectif *inscrite* étant au singulier et au féminin, des auteurs en ont conclu qu'il ne se référait qu'au mot hypothèque, et que, par conséquent, les priviléges n'étaient pas soumis à la nécessité de l'inscription. Cette solution n'est évidemment pas admissible. Le régime de la publicité doit être le même pour les priviléges et pour les hypothèques. La considération grammaticale que l'on invoque n'a aucune valeur, car il est parfaitement admis que l'adjectif qui qualifie deux substantifs réunis par la conjonction *ou,* peut ne s'accorder qu'avec le dernier. D'autre part, en nous plaçant au point de vue rationnel, on ne comprendrait pas cette distinction entre le privilége et l'hypothèque, car en somme le privilége n'est qu'une qualité de l'hypothèque.

Il y a cependant une certaine catégorie d'hypothèques que le Code affranchit de la formalité de l'inscription : ce sont les hypothèques légales des mineurs interdits et de la femme mariée. Le législateur ne veut pas que les garanties qu'il accorde à des incapables dépendent de la négligence ou du mauvais vouloir de tiers souvent intéressés à ce que l'inscription ne soit pas prise. Cette solution ressort d'ailleurs de l'art. 2193. Si le tiers acquéreur est obligé de purger les hypothèques légales qui n'ont pas été inscrites, c'est qu'elles peuvent lui être opposées et que, par conséquent, elles existent indépendamment de toute inscription.

§ III

*Régime des articles 834 et 835 du Code de procédure*

Le système qu'avait consacré le Code civil était très défectueux ; il pouvait être désastreux pour les créanciers. Il suffisait au constituant d'une hypothèque d'aliéner l'immeuble grevé avant la prise de l'inscription pour enlever au créancier sa garantie hypothécaire. Ce n'est cependant pas pour parer à ce danger qu'on a modifié le régime du Code civil, mais pour obéir à une idée fiscale. La loi de frimaire, an VII, sur l'enregistrement imposait pour la transcription la perception d'un droit proportionnel de 1 1/2 pour cent. Or, comme la formalité de la transcription n'était pas exigée par le Code civil pour le transfert de la propriété, en pratique on ne transcrivait pas. On inséra alors dans le Code de procédure les articles 834 et 835. De ces textes il résulte, que lorsqu'une personne fait une aliénation, ses créanciers hypothécaires peuvent prendre inscription pour la conservation de leur droit de suite jusqu'à l'expiration du délai de quinzaine après la transcription de l'aliénation.

Cette transcription n'a rien de commun avec celle de la loi de brumaire, car elle n'est pas nécessaire pour le transfert de la propriété, lequel continue à s'effectuer par le seul consentement. C'est ce qui résulte de l'art. 834 qui ne confère le droit de s'inscrire qu'à ceux qui auraient pu le faire avant l'aliénation ; les droits acquis postérieurement sont concédés *a non domino* et ne peuvent être inscrits. Cette transcription est donc simplement le point de départ d'un délai pendant lequel les créanciers peuvent inscrire des hypothèques concédées avant l'aliénation. On abandonnait ainsi cette idée que l'événement qui met obstacle à la constitution d'un droit empêche également sa conservation par voie d'inscription.

L'art. 834 du Code de procédure ne s'appliquait pas à toutes les hypothèques, ni à toutes les aliénations.

Il ne s'occupe pas des hypothèques légales des femmes mariées, des mineurs, des interdits de l'Etat et des établissements publics ; il ne vise, en effet, que les articles 2123, 2127 et 2128 ; or, ces articles ne parlent que des hypothèques judiciaires et conventionnelles. Il faut donc décider que les hypothèques légales, ci-dessus

v.                                                                    8

énoncées, restent soumises au régime du Code civil. Or, le Code civil distingue, d'une part les hypothèques des femmes mariées, mineurs et interdits, et de l'autre celles de l'Etat et des établissements publics. Les premières produisent leurs effets indépendamment de toute inscription, l'art. 2135 le dit formellement pour le droit de préférence et il n'y a pas de motifs pour ne pas étendre cette faveur au droit de suite ; du reste, l'art. 2193 ne se comprendrait pas si on donnait une autre solution. Quant aux hypothèques légales de l'Etat et des établissements publics, aucun texte ne leur accorde la même faveur, elles restent donc soumises au droit commun et doivent être inscrites.

D'autre part les art. 834 et 835 du Code de procédure n'atteignaient que les aliénations volontaires. C'est ce qui résulte de la rubrique du titre sous lequel sont placés ces articles : *De la surenchère sur aliénation volontaire.* Les principes du Code civil subsistaient donc quant à l'expropriation forcée, de sorte qu'aucune inscription ne pouvait être utilement prise sur l'immeuble saisi après le jugement d'adjudication.

Plus tard la loi du 3 mai 1841 sur l'expropriation pour cause d'utilité publique modifia cet état de choses. Par son art. 17, elle étend aux expropriations pour cause d'utilité publique, le système que l'art. 834 du Code de procédure avait restreint aux aliénations volontaires ; elle concéda aux créanciers la faculté de s'inscrire dans le délai de quinzaine qui suit la transcription du jugement d'adjudication.

Remarquons enfin que les créanciers retardataires, en faveur desquels était établi le bénéfice de l'art. 834, se trouvaient dans une position moins bonne que celle des créanciers inscrits avant la transcription, car l'acquéreur était dispensé, s'il voulait purger, de leur notifier son contrat conformément aux art. 2183 et 2184, d'où il pouvait résulter pour eux la déchéance de la faculté de surenchérir, s'ils ne prenaient pas l'offensive. (art. 835, pr. civ.)

§ IV

*Régime de la loi du 23 mars 1855*

Nous revenons aux principes de la loi de brumaire. La loi du 23 mars 1855 repose sur cette idée fondamentale que les actes, entre vifs qui déplacent la propriété immobilière ou qui l'affectent de manière à en modifier la valeur, en tant que gage hypothécaire, doivent être rendus publics au moyen de la transcription. La sanction consiste, en ce que les actes soumis à la transcription et non publiés ne peuvent être opposés aux tiers qui ont acquis les droits définis dans les art. 1 et 2 et les ont conservés en se conformant aux lois.

Quant aux hypothèques elle décide (art. 6) en principe, que désormais ce sera la transcription qui sera la limite du délai dans lequel l'inscription peut être prise utilement.

Mais il ne suffit pas d'indiquer cette règle, il faut en préciser la portée. Il faut voir notamment si la nécessité de la transcription s'applique à toutes les aliénations ; — et d'autre part, si cette transcription, dans le cas où elle est nécessaire, s'applique à toutes les inscriptions, indépendamment de la personne du chef de laquelle procède le droit hypothécaire.

1° — Faut-il que toute aliénation soit transcrite pour mettre obstacle à l'inscription du chef d'un précédent propriétaire ?

Nous avons vu que le Code de procédure distinguait entre les aliénations forcées et les aliénations volontaires, pour ne régir que ces dernières.

Cette distinction ne peut plus être faite depuis la loi du 23 mars 1855. L'art. 1, § 4, soumet à la transcription tous les jugements d'adjudication et par conséquent les jugements d'expropriation forcée. Cette transcription seule opère le dessaisissement, elle est donc nécessaire pour mettre obstacle à la prise d'inscription. Nous pouvons donc dire que la loi de 1855 a une portée plus grande que l'art. 834 pr. civ.

Nous avons vu que la loi du 3 mai 1841 sur l'expropriation pour cause d'utilité publique reproduisait, dans son art. 17, la disposition de l'art. 834 pr. civ., en permettant aux créanciers de s'inscrire encore utilement dans le délai de quinzaine qui suit la transcription du jugement. Or, on s'est demandé si l'art. 6 de la loi du 23 mars 1855 avait abrogé cet art. 17 de la loi du 3 mai 1841.

Des auteurs l'ont soutenu. La loi de 1841, art. 17, disent-ils, ne faisait qu'élargir l'étendue d'application des art. 834 et 835 pr. civ., en assimilant les expropriations pour cause d'utilité publique aux aliénations volontaires, en ce qui concerne la transcription. Or, la loi du 23 mars 1855 abroge le régime des art. 834 et 835 pr. civ., et, par conséquent, elle abroge implicitement l'art 17 de la loi de 1861, qui n'en était que l'extension.

Cette solution ne me semble pas exacte. Je remarque que l'art. 17 de la loi du 3 mai 1841 n'est pas la reprodution intégrale des art. 834 et 835, et que par conséquent on ne saurait conclure de l'abrogation des uns à l'abrogation de l'autre. En effet, sous l'empire des actes 834 et 835 pr. civ. la transcription n'est que facultative, tandis que l'art. 16 de la loi du 3 mai 1841 rend obligatoire la transcription du jugement d'adjudication. Du reste il est impossible de soumettre l'expropriation pour cause d'utilité publique à la loi de 1855.

D'après la loi de 1855, c'est l'acte qui dessaisit une personne qui met obstacle à toute inscription de son chef, en d'autres termes la transcription n'est un obstacle à la prise d'inscription qu'autant qu'elle est nécessaire pour opérer le transfert de la propriété. Il faudrait donc que la transcription fût requise pour le dessaisissement dans l'expropriation pour cause d'utilité publique, pour que l'art. 6 puisse s'y appliquer. Si le dessaisissement est indépendant de la transcription du jugement d'expropriation, il est impossible d'appliquer l'art. 6. Or, il est facile de démontrer que ce jugement est par lui-même translatif de propriété en dehors de toute publicité. L'art. 1, en effet, ne le comprend pas dans les actes qui ne sont parfaits que par la transcription : le 1° ne visant que les aliénations, conventions..., etc. et le 4° prévoyant les jugements et seulement les jugements d'adjudication et non celui d'expropriation. Le jugement d'expropriation est donc par lui-même translatif de propriété indépendamment de toute transcription. L'art. 17 de la loi du 3 mai 1841 reste par conséquent en vigueur ; et en matière d'expropriation pour cause d'utilité publique on ne peut pas dire que la transcription met obstacle à la prise d'inscription.

La loi de 1855 ne s'applique qu'aux aliénations entre vifs : les actes à cause de mort sont dispensés de toute transcription pour opérer le transfert de la propriété. Quant à eux, c'est le décès qui opère le dessaisissement du propriétaire : c'est par conséquent cet événement qui mettra obstacle à la prise d'inscription du chef de ce dernier. Si donc nous supposons un legs d'un immeuble, nous déciderons qu'aucune inscription ne pourra être prise sur cet immeuble du chef du testateur après son décès.

En résumé, la transcription ne met obstacle à la prise d'inscription qu'autant qu'il s'agit d'actes translatifs de propriété entre vifs et de jugements d'adjudication sur saisie ; — les aliénations à cause de mort et les aliénations par suite d'expropriation pour cause d'utilité publique restent soumises à d'autres règles.

Du chef de quelles personnes la transcription fait-elle obstacle à la prise d'inscription ?

La transcription ne fait obstacle qu'à la prise d'inscription de droits provenant du chef du précédent propriétaire immédiat.

Ainsi, je suppose que Paul a conféré une hypothèque à Pierre sur l'immeuble A, puis il vend cet immeuble à Jean, qui sans transcrire, revend à Jacques, lequel transcrit. Je dis que Jacques ne pourra apposer sa transcription à Pierre pour l'empêcher de prendre inscription de l'hypothèque que lui a conférée Paul.

Cette solution se justifie d'abord par le but de la publicité de la loi établie par la loi de 1855. En effet, quand Pierre, créancier voudra inscrire son hypothèque, il recherchera si son constituant Paul est encore propriétaire, or, en consultant le registre de transcription il croira que Paul n'est pas dessaisi puisque aucune transcription de la vente de l'immeuble n'est faite. La transcription de la vente passée entre Jean et Jacques a bien eu lieu, mais cette transcription Pierre ne peut la connaître, il n'est donc pas admissible qu'il puisse se la voir apposer. A l'appui de ma solution j'invoquerai encore le texte de la loi. L'art. 6 de la loi de 1855 est bien formel en mon sens : « A partir de la transcription, les créanciers hypothécaires ne peuvent prendre utilement inscription sur le *précédent propriétaire*. »

C'est du reste conforme aux principes. C'est en effet l'acte qui dessaisit une personne qui met obstacle à ce qu'une inscription puisse être prise de son chef. Or, la transcription de Jacques ne dessaisit pas Paul vis à vis des tiers ; et par conséquent Pierre qui a une hypothèque du chef de Paul peut l'inscrire (1).

2° La règle que la transcription fait obstacle à toute prise d'inscription du chef du précédent propriétaire s'applique-t-elle à toutes les garanties immobilières, à toutes les hypothèques et à tous les priviléges?

Il n'y a pas de difficulté pour les hypothèques judiciaires et conventionnelles ; il est certain que la transcription fait obstacle à leur inscription. L'art. 6 de la loi de 1855 les vise formellement. Il faut reconnaître qu'un danger peut se présenter analogue à celui que nous avons signalé sous l'empire du Code civil. Si le débiteur aliène son immeuble qu'il vient de frapper

(1) Cf. Mourlon, t. II, n° 467 et suiv., et n° 593 et suiv. — Larombière, *Des obligations*, I, art. 1,138. — Demolombe, t. XXIV, Aubry et Rau, II, § 209, p. 315.

d'hypothèque immédiatement après la constitution de
l'hypothèque et fait transcrire sans retard, le
créancier pourra être frustré, son gage sera illusoire
puisqu'il ne pourra plus prendre l'inscription nécessaire à lui donner la vie. Le Code de procédure, nous
l'avons vu ne paraît à ce danger en permettant au créancier de s'inscrire encore utilement pendant les quinze
jours qui suivent la transcription de l'aliénation ;
actuellement nous n'avons plus aucune ressource de
ce genre. Le créancier ayant une hypothèque conventionnelle pour garantir un prêt d'argent n'aura d'autre
moyen de se soustraire au danger que nous signalons
que de stipuler qu'il ne versera l'argent qu'après que
son inscription aura été prise utilement. Quant au
créancier à hypothèque judiciaire il n'a pas de remède.
Ce résultat cependant s'explique lorsque l'on pense à
la défaveur avec laquelle l'hypothèque judiciaire est
vue de nos jours et aux efforts qui ont déjà été faits
pour la supprimer. D'autre part le créancier à hypothèque judiciaire était primitivement un créancier
chirographaire, il avait suivi la foi de son débiteur,
sans exiger de garantie, il est donc seul responsable
de la situation qu'il s'est faite.

Quant aux hypothèques légales, elles sont en principe dispensées de l'inscription pour la conservation
du droit de suite. La Loi de 1855 reproduit donc la faveur que le législateur du Code civil et du Code de
procédure leur avait accordée. L'art. 6 de cette loi
consacre ce résultat, et procède de la même manière
que l'art. 834 du Code de procédure, c'est-à-dire en
omettant de citer l'art. 2121 parmi les hypothèques
dont l'inscription doit être prise avant la transcription.

Nous devons donc conclure ici, comme nous l'avons fait sur l'art. 834 du Code de procédure et pour les mêmes motifs. Nous dirons donc que les hypothèques légales des mineurs, des interdits et des femmes mariées, doivent être dispensées de l'inscription, mais que cette faveur ne doit pas être étendue aux autres hypothèques légales, c'est-à-dire à celles de l'Etat, des communes et des établissements publics (1).

M. Troplong (2) a soutenu que si les mineurs, les interdits et les femmes mariées ont une hypothèque légale existant indépendamment de toute inscription, néanmoins ces incapables ne peuvent l'exercer qu'autant qu'ils l'auront inscrite. Je ne crois pas que l'on puisse adopter cette opinion. Elle repose sur une distinction entre l'hypothèque inerte, qui attend, et celle qui est mise en mouvement. Rien n'autorise cette distinction ; tout droit est destiné à être exercé par les moyens légaux, et le droit hypothécaire ne saurait faire exception. D'ailleurs, pour être logique, on devrait aussi exiger l'inscription de l'hypothèque quand il s'agit d'exercer le droit de préférence ; or, personne n'admet pas cette solution (3).

Si les hypothèques légales des incapables sont en principe dispensées de l'inscription, il faut cependant tenir compte d'une restriction résultant de l'art. 8 de la loi du 23 mars 1855. D'après le Code civil, la dis-

(1) *Cass.*, 14 décembre 1863.
(2) TROPLONG. *Traité des priviléges et hypothèques*, t. III, n° 778, § 4.
(3) Voy. AUBRY et RAU, t. III, 269, p. 301 ; note 10 et les arrêts cités par les auteurs.

pense d'inscription établie par l'art. 2135 était absolue, et quant à sa durée et quant aux personnes admises à en invoquer le bénéfice. Elle subsistait avec tous ses effets même après la cessation de la tutelle ou la dissolution du mariage. D'autre part, elle profitait non seulement aux femmes mariées, aux mineurs et interdits eux-mêmes, mais encore à leurs héritiers ou ayants-cause, et en particulier aux créanciers subrogés à l'hypothèque légale de la femme. On avait ainsi un bénéfice survivant à l'incapacité qui l'avait motivé ; c'était illogique et c'est ce que l'art. 8 de la loi de 1855 est venu supprimer et avec raison. Cet article décide que « si la veuve, le mineur devenu majeur, l'interdit relevé de l'interdiction, leurs héritiers ou ayants-cause n'ont pas pris inscription dans l'année qui suit la dissolution du mariage ou la cessation de la tutelle, leur hypothèque ne date, à l'égard des tiers, que du jour des inscriptions prises ultérieurement ». D'autre part, l'art. 9 exige que le créancier subrogé à l'hypothèque légale de la femme prenne inscription quand cette hypothèque n'est pas encore inscrite, et, dans le cas contraire, qu'il fasse mentionner la subrogation en marge de l'inscription existante.

L'art. 8 ne statue expressément que sur le cas de la dissolution du mariâge par la mort du mari, et de la cessation de la tutelle par la majorité du pupille ou la mainlevée de l'interdiction Il est certain que cette disposition doit aussi s'étendre au cas de prédécès de la femme ou de cessation de la tutelle par la mort du mineur ou de l'interdit. Si la dispense d'inscription, faveur toute personnelle accordée aux incapables, cesse dans leurs personnes, dès qu'ils ont recouvré ou acquis leur indépendance, on ne voit pas pourquoi elle se perpétuerait en faveur de personnes qui n'ont jamais été dans les liens du mariage ou de la tutelle d'où procède l'hypothèque.

Il nous reste à voir si les priviléges sont soumis à la règle que la transcription empêche toute prise d'inscription du chef du précédent propriétaire. L'art. 6, § 2, de la loi du 23 mars 1855 statue sur la question. Il distingue entre les priviléges du vendeur et du copartageant d'une part, et les autres priviléges d'autre part.

1º Privilége du vendeur et du copartageant. — Supposons que Pierre a vendu l'immeuble A à Paul qui ne transcrit pas ; puis Paul revend le même immeuble à Jean qui transcrit. Si on était resté sous l'empire des principes exposés précédemment, on aurait dû décider que la transcription faite par Jean dessaisissant Paul devait empêcher toute inscription de son chef, et que par conséquent Pierre ne devait pas pouvoir inscrire son privilége de vendeur, puisque ce privilége était né du chef de Paul. Notre texte repousse cette. solution et donne à Pierre un délai de quarante-cinq jours à partir de son acte de vente pour inscrire son privilége, et ce, nonobstant toute transcription ultérieure. La même solution s'applique pour le privilége du copartageant. Remarquons que l'art. 6 de la loi du 23 mars 1855 n'abroge pas les art. 2108 et 2109 du Code civil qui s'appliquent au droit de préférence.

Pourquoi la loi distingue-t-elle entre le vendeur et le copartageant et les autres créanciers privilégiés ? Nous avons vu que les créanciers à hypothèque conventionnelle sont restés soumis aux règles ordinaires, parce qu'ils peuvent refuser de livrer leur argent au débiteur tant qu'ils n'ont pas la preuve qu'ils sont utilement inscrits. Le vendeur et le copartageant ne peuvent faire comme ces créanciers ; ils devaient donc être protégés d'une façon spéciale : c'est pourquoi le législateur leur donne un délai de quarante-cinq jours pour s'inscrire malgré toute transcription ultérieure.

2° Quant aux autres priviléges, ils restent soumis à la règle générale que la transcription empêche toute inscription. Pour le privilége des constructeurs, on sait qu'il faut deux inscriptions ; ces deux inscriptions devront être prises avant la transcription de la vente des constructions. Pourquoi la loi n'a-t-elle pas assimilé ces priviléges à cause du vendeur et du copartageant? Il est bien difficile de le dire, surtout pour le privilége des constructeurs. On comprendra en effet facilement combien il leur est aisé d'en perdre le bénéfice, si on réfléchit que le procès-verbal de réception des travaux doit être inscrit avant la transcription de la vente, et que, d'autre part, les constructeurs ont six mois après la perfection des travaux pour faire dresser le procès-verbal de réception et l'inscrire. Il suffira donc à leur débiteur de vendre dans ce délai et de faire transcrire pour les frustrer.

# CHAPITRE II

## Des aliénations au point de vue du Droit de Suite

Nous avons vu précédemment que l'exercice du Droit de suite, suppose nécessairement une aliénation de l'immeuble hypothéqué. Tant que cet immeuble, en effet, demeure entre les mains du débiteur, les créanciers ont le droit de le saisir et de le vendre en vertu du principe que les biens d'un débiteur sont le gage de ses créanciers. Sur le prix de vente ils se feront payer en vertu de leur droit de préférence : il n'y a donc pas lieu au droit de suite. Mais si le débiteur vient à aliéner son bien il le soustrait à ses créanciers ; en le distrayant de son patrimoine il les frustre de leur gage. C'est précisément ce résultat que vient empêcher le droit de suite, en permettant aux créanciers hypothécaires inscrits utilement de saisir ce bien entre les mains des tiers détenteurs et de se faire payer sur le prix.

Est-ce-à-dire, cependant qu'il pourra être exercé à la suite de toute aliénation et qu'il pourra être opposé à tout acquéreur de totalité ou de partie de l'immeuble grevé.

Il le semblerait bien puisque l'hypothèque est un droit réel, par conséquent inhérent à l'immeuble qu'elle frappe « ut lepra cuti », comme disaient les anciens ; et que d'autre part elle est indivisible et comme telle, opposable à tout acquéreur de partie de l'immeuble. Cependant ces principes ne s'appliquent pas toujours ; et nous verrons qu'il y a des aliénations qui ne laissent pas subsister le droit de suite. C'est qu'en effet, comme j'ai déjà dit, l'hypothèque n'a d'autre but que d'arriver à la vente de l'immeuble grevé pour distribuer le prix entre les créanciers. Or, si le prix est fixé par l'aliénation, pourquoi ne pas admettre que le droit des créanciers est transféré de l'immeuble sur le prix et que dès lors il n'y a plus qu'à le partager. L'hypothèque alors a produit tout son effet utile. Pour savoir quand le prix sera fixé à l'égard des créanciers, il faut distinguer entre les aliénations forcées et les aliénations volontaires.

## § 1

### *Aliénations forcées*

1º *Expropriation pour cause d'Utilité publique.* — Que l'expropriation pour cause d'utilité publique entraîne le transfert des droits des créanciers de l'immeuble sur le prix et l'anéantissement de l'hypothèque on le comprend facilement, car c'est une conséquence même de l'institution. On ne saurait en effet admettre la survie de l'hypothèque qui permettrait aux créanciers de faire revendre l'immeuble entre les mains de l'expropriant.

C'est ce qu'implique l'art. 17 *in fine* de la loi du 3 mai 1841. Ce texte dénie aux créanciers inscrits la faculté de surenchère et par là même éteint le Droit de

suite, puisque la surenchère n'en est que la manifestation. Les créanciers se feront payer sur l'indemnité
qui sera accordée par le jury d'expropriation.

Il pourra arriver que l'exproprié consente à céder à
l'amiable son immeuble à l'expropriant ; si les créanciers trouvent que ce prix est inférieur à la valeur
réelle de l'immeuble et frustratoire à leur égard
n'auront-ils aucun moyen de faire valoir leurs droits?
Dans ce cas la loi permet aux créanciers de déclarer
qu'ils n'acceptent pas le prix fixé dans la cession
amiable et de demander la fixation de l'indemnité par
le jury (art. 19, L. 3 mai 1841).

2º *Saisie-Immobilière.* — Supposons que l'immeuble
hypothéqué est sorti du patrimoine du débiteur par une
adjudication sur saisie immobilière, que devient alors
le droit de suite des créanciers hypothécaires.

Dans le cas de saisie immobilière, c'est le jugement
d'adjudication qui transporte le droit des créanciers
de l'immeuble sur le prix.

C'est qu'en effet ils ont été reliés à la procédure de
l'expropriation ; sommation leur a été faite en vertu
de l'art. 692, pr. civ., de consulter le cahier des charges
et de fournir leurs écrits et observations. S'ils ne disent
rien, c'est qu'ils sont censés adhérer à ce qui se fait.
Le jugement d'adjudication qui intervient ensuite
ne fait que consacrer cette convention. Par conséquent, à partir de ce jour le droit des créanciers a été
transporté de l'immeuble sur le prix, et leur droit
de suite est éteint. On ne comprendrait pas d'ailleurs
qu'ils puissent encore requérir une mise aux enchères,
alors que déjà et sous leur surveillance des enchères
ont eu lieu.

Le jugement d'adjudication sur saisie immobilière purge-t-il toutes les hypothèques, même les hypothèques légales ?

Dans notre ancien Droit, nous l'avons vu, les hypothèques étaient occultes et suivaient le bien qu'elles grevaient entre les mains des acquéreurs.

Il avait fallu sous peine de porter une grave atteinte au crédit public trouver un moyen de rendre confiance aux tiers en leur assurant la propriété définitive et sans risque d'éviction, de ce dont ils se rendaient acquéreurs. Or, à cet effet, on avait admis que lorsque la vente avait été faite sur saisie, toutes les hypothèques étaient éteintes. Ce résultat de la procédure des « Décrets forcés », se traduisait par cette maxime : « Décret forcé nettoie toutes hypothèques » et se justifiait par la publicité qui entourait ce genre de vente. On considérait que si les créanciers étaient diligents ils avaient nécessairement dû avoir connaissance de la vente, et par conséquent avoir été à même de prendre les mesures nécessaires à la conservation de leurs droits. Ces effets du décret forcé s'appliquaient aux hypothèques légales comme aux autres, puisque au point de vue où nous nous plaçons elles n'en différaient pas.

Lorsque le Code de Procédure dans son art. 167 eût admis l'ancienne règle, on se demanda s'il fallait décider qu'il s'appliquait aux hypothèques légales et déclarer que celles-ci étaient purgées par le jugement d'adjudication ?

La jurisprudence pensait que le jugement d'adjudication ne purgeait pas les hypothèques légales. En effet, disait-elle, si le jugement d'expropriation purge les hypothèques inscrites, c'est parce que les créanciers

titulaires de ces hypothèques ont été avertis par des
sommations et reliés à la procédure. Or, lorsqu'il s'agit
des hypothèques légales des mineurs, interdits et
femmes mariées, n'étant pas inscrites, elles ne se révèlent pas aux tiers Les créanciers n'ont pu recevoir
les notifications nécessaires pour être rattachés à la
procédure et dès lors le jugement d'adjudication auquel ils sont restés étrangers ne saurait produire
d'effets contre eux. Ce serait d'ailleurs retourner contre eux la faveur qu'on leur avait accordée en les dis-
pensant d'inscription.

Des auteurs avaient cependant critiqué cette solution. L'art. 717, d'isaient-ils, n'est que la reproduction
de l'ancien droit; or, dans notre ancienne jurisprudence, la publicité de l'expropriation suffisait pour
avertir les créanciers : on doit donc décider encore de
même, d'autant plus que de nos jours la publicité a
des effets beaucoup plus grands qu'autrefois.

La loi du 21 mai 1858 est venue trancher la question en modifiant l'art. 692 pr. civ. Ce nouveau texte,
en effet, impose au poursuivant l'obligation de faire
sommation « à la femme du saisi, aux femmes des
précédents propriétaires au subrogé-tuteur des mineurs ou interdits, et aux mineurs devenus majeurs
si dans l'un et l'autre cas les mariages ou tutelles
sont connus du poursuivant, d'après son titre. » Aussi
l'art. 717 pr. civ., modifié par la même loi, a-t-il pu
décider sans injustice que le jugement d'adjudication
purge toutes les hypothèques sans distinction (1).

_____

(1) Notons cependant que tous les droits des créanciers ne sont
pas perdus ; si le droit de suite est éteint, le droit de préférence

Il peut arriver que l'expropriation forcée se convertisse en une aliénation volontaire ; nous devons donc nous demander si la vente sur conversion laisse subsister le droit de saisie ou si elle purge les hypothèques comme le jugement d'adjudication sur saisie. Pour résoudre la question, nous devons distinguer suivant l'époque où a lieu la conversion.

Lorsque la demande de conversion est faite avant les sommations prescrites par l'art. 692 pr. civ., le consentement du poursuivant et du saisi est seul requis ; les créanciers inscrits restent étrangers à la procédure et la vente se fait comme celle des biens de mineurs (art. 743, pr. civ.). Dans ce cas, par conséquent, il faut décider que la vente sur conversion ne produit pas plus d'effets que les aliénations volontaires en la forme des ventes de biens de mineurs, c'est-à-dire qu'elle n'opère pas la purge.

Si, au contraire, la demande de conversion est produite après les sommations prescrites par l'article 692, pr. civ., le consentement des créanciers inscrits est nécessaire pour la conversion. Dès lors les créanciers ne sont pas étrangers à la vente ; ils sont rattachés à la procédure comme au cas d'aliénation sur saisie et par conséquent il est naturel que la vente sur conversion qui intervient dans ces condi-

---

peut lui survivre. En effet, si on admet que l'adjudication purge les hypothèques, c'est dans l'intérêt de l'acquéreur ; or, cet intérêt n'exige que la perte du droit de suite, mais le droit de préférence s'exerce vis-à-vis des autres créanciers ; ceux-ci connaissaient ou devaient connaître ces hypothèques légales, et par conséquent, ils ne peuvent pas demander que le droit de préférence ne leur soit pas opposé.

tions produise à leur égard les mêmes effets que le jugement d'adjudication.

## § II

*Aliénations volontaires*

Pour étudier les effets des aliénations volontaires sur le droit de suite, nous distinguerons entre les aliénations amiables non publiques d'une part, et les aliénations volontaires qui se font suivant le type des aliénations de biens de mineurs (art. 952, pr. c.) telles que celles des biens dépendant d'une succession vacante (art. 100, pr. civ.) ou bénéficiaire (art. 988, pr. civ.) et celle des immeubles provenant d'une faillite arrivée à la période de l'union (art. 572, C. com.), d'autre part.

Lorsqu'il s'agit d'une vente amiable non publique, il n'y a pas de difficulté ; il est certain qu'elle laisse persister le droit de suite des créanciers. C'est spécialement dans ces sortes de ventes que ce droit sera utile, car c'est alors surtout qu'il y a lieu de craindre pour les intérêts des créanciers et que par conséquent il faut leur permettre de ressaisir leur gage.

Quand aux ventes volontaires publiques elles n'atteignent pas non plus le droit de suite à la différence de ce que nous avons vu pour les aliénations forcées. Cela tient à ce que dans ces ventes les créanciers hypothécaires ne sont pas mis en cause et reliés à la procédure comme dans les aliénations forcées. Aussi l'art. 964, pr. civ. qui indique les textes de la procédure de la saisie immobilière applicables à la vente des biens de mineurs ne renvoie pas à l'art. 717, texte qui, nous l'avons vu, déclare que le jugement d'adjudication purge toutes les hypothèques.

On a cependant soutenu que lorsqu'il s'agit de la vente des biens provenant d'une faillite arrivée à la période de l'union, le jugement d'adjudication opérait la purge des hypothèques. Il en est ainsi, dit-on, parce que cette aliénation peut être mise sur la même ligne que la vente sur saisie. Dans le cas de saisie, en effet, ce sont les créanciers qui poursuivent ; dans le cas de faillite ce sont les syndics au nom des créanciers.

D'autre part, il y a très grande analogie dans les procédures ; sans doute on ne fait pas les sommations prescrites par l'art. 692, pr. civ., mais les créanciers peuvent être considérés comme reliés à la procédure par la grande publicité qui l'accompagne et résultant des affiches, avis..... que prescrit la loi. On peut donc dire que les deux adjudications sont semblables et doivent produit les mêmes effets. On ajoute encore que de droit commun quand une aliénation a été faite on conçoit deux surenchères : une surenchère du dixième faite par les créanciers hypothécaires sur les offres de l'acquéreur, c'est le moyen qui leur est offert pour empêcher que le prix ne soit frustratoire à leur égard ; puis une surenchère du sixième qui peut être faite dans un délai de huit jours et par toutes personnes pour garantir les droits du vendeur. Or, si nous nous référons à l'art. 573, C. com., nous voyons qu'il n'y a qu'une seule surenchère possible dans notre cas, mais une surenchère qui est une combinaison des autres : elle est du dixième et ouverte à toute personne dans le délai de quinze jours.

Si les créanciers n'usent pas de cette surenchère ils

ne peuvent en faire d'autres, par conséquent l'adjudication leur est opposable, le prix est fixé à leur égard et leur droit de suite est éteint.

Nous ne pouvons pas admettre cette solution; pour nous le jugement d'adjudication survenu à la suite d'une vente des biens d'un failli n'opère pas purge des hypothèques. Si, en effet, nous recherchons suivant quelle procédure a lieu la vente des biens dépendant d'une faillite arrivée à la période de l'union, nous voyons que l'art. 572, C. com., renvoie aux formes prescrites pour les ventes de biens de mineurs. Or, nous l'avons vu, dans ce genre de ventes, le jugement d'adjudication n'opère pas purge des hypothèques. On dit que les créanciers ont été reliés à la procédure par la publicité de la faillite qui équivaut aux sommations de l'art. 692 et que d'ailleurs ils sont représentés par les syndics puisque ceux-ci seuls peuvent, après l'union, poursuivre la vente. C'est là une erreur. Les créanciers hypothécaires savent qu'ils doivent être prévenus par des sommations individuelles dans la forme prescrite par l'art. 692 pr. civ., pour être reliés à la procédure; ils ne sont donc pas obligés d'avoir égard à la publicité que l'on invoque, ils ont le droit d'attendre les sommations. Quant à l'argument que les syndics représentent les créanciers, il n'est pas probant. Sans doute les droits des créanciers sont suspendus à partir de l'union, et les syndics seuls peuvent agir. Mais en prenant cette mesure la loi n'agit que dans l'intérêt de la masse des créanciers pour éviter des lenteurs, des complications et des frais. En refusant aux créanciers hypothécaires le droit d'agir, la loi n'a pas entendu par là déclarer qu'ils seraient reliés à la procédure, ce qui serait pourtant nécessaire pour que le jugement d'adjudication leur fût opposable. Nous avons du reste une situation analogue dont nous pouvons argumenter. C'est dans le cas où il s'agit de la vente des biens d'une succession vacante. Là aussi nous avons un curateur qui est une sorte de syndic et représente les héritiers inconnus et les créanciers. Or, nous avons vu que ces ventes se font suivant la procédure des ventes de biens de mineurs et le jugement d'adjudication qui intervient n'opère pas purge précisément parce que les créanciers hypothécaires n'ont pas été reliés à la procédure.

Reste l'argument tiré de l'art. 573, C. com, et de la fusion des deux surenchères. Mais il est facile de donner de ce texte une explication qui laisse subsister les droits des créanciers. Cet article remplace l'ancien art. 565 aux termes duquel la surenchère pouvait être faite pendant la huitaine par tout créancier pourvu qu'elle fût du dixième. On s'était demandé si cette disposition n'excluait pas la surenchère prévue dans l'ancien art. 710 du Code de procédure et qui pouvait être faite elle-même dans la huitaine par toute personne moyennant l'offre d'un quart en sus du prix. C'est pour répondre à cette question que dans notre art. 575 du Code de commerce on a réuni les deux surenchères en combinant leurs conditions. C'est ce qu'a exprimé formellement le rapporteur de la loi à la Chambre des députés. Comparant l'ancien article et le nouveau, il s'exprime ainsi : — « L'article a porté à quinzaine au lieu de huitaine le délai pour surenchère et il a admis toute personne à se rendre surenchérisseur. Par là se trouve tranché un très sérieux débat sur la question de savoir si la surenchère du quart ouverte à toute personne par le Code de procédure civile, concourait avec la surenchère du dixième ouverte par le Code de commerce à tout créancier. » Le législateur ne s'est donc pas occupé de la surenchère de l'art. 2185 du Code civil, et ce n'est pas elle qui est prescrite par l'art. 573 du Code de commerce. Il faut reconnaître que le prix n'est pas fixé à l'égard des créanciers par le jugement d'adjudication, il ne l'est que par le jugement d'adjudication sur surenchère, et ce n'est du reste qu'après ce dernier jugement que toute autre surenchère est impossible (art. 573, C. com., dernier alinéa) et que, par conséquent, le droit de suite est éteint.

A côté de ce système, la cour de cassation en a admis deux autres. Ils sont consacrés l'un dans un arrêt du 9 novembre 1858, et l'autre dans un arrêt du 13 août 1867.

Dans l'arrêt de 1858 la cour de cassation décide que le droit de suite n'est purgé par le jugement d'adjudication qu'à l'égard des créanciers qui ont pris part aux opérations de la faillite. Dans l'arrêt de 1867 elle décide que le droit de suite est purgé vis-à-vis de tous les créanciers du failli, mais non vis-à-vis de ceux des précédents propriétaires.

Nous repoussons ces deux opinions. Les distinctions qu'elles consacrent n'ont aucun fondement juridique, elles ne s'appuient sur aucun texte. Il faut décider, ou bien que le jugement d'adjudication purge à l'égard de tous les créanciers, ou bien qu'il ne purge à l'égard d'aucun comme nous l'admettons (1).

(1) Voir: Arrêt de Paris, 21 août 1862; Douai, 18 août 1865.

Ainsi donc dans les aliénations volontaires publiques l'adjudication laisse subsister les hypothèques; les créanciers ont le droit de suivre l'immeuble ainsi aliéné et de poursuivre une nouvelle vente sur le prix de laquelle ils seront payés.

Nous devons cependant noter que postérieurement aux adjudications dont nous venons de parler il peut se produire un incident, d'où résultera pour les créanciers l'extinction de leur droit de suite. C'est ce qui arrivera lorsqu'il y aura eu surenchère du sixième. L'adjudication sur surenchère est définitive; les créanciers hypothécaires n'ont plus le droit de faire une surenchère du dixième et comme le droit de surenchère du dixième est le principal attribut du droit de suite, on est fondé à en conclure que le droit de suite lui-même est éteint. Le législateur a considéré que la surenchère du dixième n'aboutirait elle-même qu'à une nouvelle vente aux enchères qui n'offrirait pas plus de garantie que la première vente sur surenchère. Ce ne serait donc que compliquer inutilement les formalités et augmenter les frais sans intérêt pour les créanciers; d'autre part la surenchère anéantit la première vente, il fallait donc éviter des résolutions trop nombreuses qui portent atteinte à la stabilité de la propriété et par suite au crédit public. Aussi voyons-nous le législateur consacrer dans plusieurs textes la règle que « surenchère sur surenchère ne vaut ». Nous le retrouvons dans les art. 710, 838, §§ 7 et 8, 965, § 2 du Code de procédure civile et 710 du Code de commerce. Il reste toutefois bien entendu que si l'adjudicataire ne payait pas son prix, les créanciers hypothécaires ne perdraient pas leur droit de suite.

On a voulu trouver une exception à la règle que:
« surenchère sur surenchère ne vaut » dans l'art. 838
du Code de procédure, alors que le texte lui-même nous
dit dans son alinéa 7 que, « l'adjudication par suite de
surenchère sur aliénation volontaire, ne pourra être
frappée d'aucune autre surenchère ». On suppose qu'un
tiers acquéreur peut purger suivant les art. 2181 et
suiv. du Code civil. Il fait les notifications prescrites
par l'art. 2183 et les créanciérs font la surenchère du
dixième suivant l'art. 2185 du même Code. L'art. 838
du Code de procédure nous indique quelle est la procédure du jugement d'adjudication et quels en sont les
effets. Il proclame bien qu'après l'adjudication sur surenchère, aucune autre surenchère ne sera possible, seulement après avoir renvoyé à l'art. 717 du Code de
procédure pour régler les effets de l'adjudication entre
le vendeur et l'adjudicataire, il ajoute : « néanmoins,
après le jugement d'adjudication par suite de surenchère *la purge des hypothèques légales,* si elle n'a pas
eu lieu, *se fait comme en cas d'aliénation volontaire* ».

Or, on a fait le raisonnement suivant : puisque dans
le cas où la purge des hypothèques légales n'a pas
eu lieu, on doit la faire comme au cas d'aliénation, il
en résulte que l'acquéreur devra offrir son prix, ce qui
entraîne nécessairement pour les créanciers le droit
de faire surenchère. Par conséquent on aura une
surenchère quand même il y a déjà eu une vente sur
surenchère.

Nous ne croyons pas qu'on doive admettre cette
opinion et voir dans la fin de l'art. 838 du Code de
procédure civile une dérogation à la règle que « surenchère sur surenchère ne vaut. » Pourquoi, en effet,

cette exception ? Pourquoi une nouvelle adjudication ?
Croit-on qu'elle offrira plus de garanties que la précé-
dente ? Je ne le pense pas ; je ne vois aucun intérêt sérieux à multiplier ainsi les formalités et les frais et à
résoudre si souvent les aliénations ; je ne trouve au
contraire à ce procédé que des inconvénients, car cette
éventualité de résolutions qui peuvent survenir, ne
fera qu'écarter les tiers qui voudraient se rendre ad-
judicataires, et par conséquent on aura d'autant moins
de chances de voir l'immeuble porté à un prix élevé.
Pour moi je considère que la purge légale dont il s'agit
n'a pas pour but de permettre aux créanciers de faire
une surenchère, mais seulement de les mettre à même
de se faire connaître. Ce que veut la loi, c'est contraindre les créanciers à hypothèques légales à se ré-
véler afin d'exercer leur droit de préférence. C'est
bien du reste ce qu'impliquent les derniers mots de
l'art. 838 du Code de procédure civile. Ces expressions
qui semblent être le développement de celles sur lesquelles nous discutons nous renvoient pour le règle-
ment des droits des créanciers à hypothèque légale
au dernier alinéa de l'art. 772 pr. civ. texte où il s'agit
précisément de l'exercice du droit de préférence et de
l'ordre ouvert à cet effet (1).

Dans les aliénations volontaires publiques, comme
dans les aliénations forcées, il peut se produire un
incident qu'on appelle la folle-enchère. Si l'adjudicataire ne remplit pas les clauses du cahier des charges
l'immeuble est revendu à sa folle-enchère (art. 733,

_____

(1) Nous avons donc encore ici un cas où le droit de préférence
survit au droit de suite.

pr. civ.). Or, nous devons nous demander si dans lé cas de revente sur folle-enchère, le droit de suite persiste ou si au contraire une surenchère n'est plus possible.

La question a été et est encore très vivement controversée. La cour de cassation décide d'une façon constante qu'aucune surenchère n'est possible après une folle-enchère (1). Des cours d'appel décident au contraire qu'une surenchère est toujours possible. Elles soutiennent leur jurisprudence en disant que la folle-enchère résoud toutes les aliénations antérieures et remplace le jugement d'adjudication dont elle produit les effets, que par conséquent la surenchère est possible, et ce, même au cas où la folle-enchère se produit à la suite d'une vente sur surenchère, sans qu'on puisse invoquer la règle que « surenchère sur surenchère ne vaut. » D'autre part, la revente sur folle-enchère, n'offre pas les mêmes conditions de garantie que la vente sur surenchère. La vente sur surenchère fait supposer, en effet, que l'immeuble n'a pas été porté à sa véritable valeur ; elle a pour but de permettre aux créanciers de faire porter à un prix plus élevé l'immeuble précédemment adjugé. Dans le cas de folle-enchère, il n'en est pas ainsi, on ne peut pas dire que la fixation du prix a été faite avec les mêmes garanties. On doit supposer au contraire que le prix était trop élevé, et l'immeuble est par là déprécié de telle sorte qu'en pratique l'adjudication sur folle-enchère se tranche toujours sur un prix bien moins élevé que celui d'adjudication et même quelque fois que celui de surenchère, lorsque

(1) CASS., 26 avril 1881. DALLOZ, P. 1881, I, 405.

la folle-enchère suit une folle-enchère. Il est donc nécessaire de laisser aux créanciers le moyen de sauvegarder leurs intérêts, et on doit permettre la surenchère à la suite de folle-enchère (1).

De ce qui précède, nous devons donc conclure :
1° Que les aliénations forcées sont incompatibles avec
le droit de suite ;

2° Qu'au contraire, les aliénations volontaires amiables ou publiques donnent lieu à son exercice et que
ce n'est que l'application de la règle « surenchère sur
surenchère ne vaut » qui l'éteint.

Ainsi nous avons résolu la question de savoir à la
suite de quelles aliénations il y a lieu au droit de suite ;
nous devons voir maintenant quels sont les objets qui,
faisant partie d'un immeuble aliéné, ne peuvent être
saisis par hypothèque ?

Nous avons dit déjà que l'hypothèque étant indivisible, elle portait sur chacune des parties de l'immeuble qu'elle grevait suivant la maxime : *Est tota
in toto et tota in qualibet parte.*

En principe, par conséquent, l'aliénation de toute
partie d'un immeuble hypothéqué doit faire naître le
droit de suite en supposant évidemment qu'il s'agit
d'une aliénation compatible avec ce droit.

Il y a cependant des objets faisant partie d'un immeuble hypothéqué qui ne peuvent être soumis au

(1) Dans notre sens : Voyez BERTON et COLMET D'AAGE. — RODIÈRE,
*Traité de procédure.* Jugem. du trib. de Fort-de-France, 4 février
1853. (D. P. 1853, III, 31). — Arrêt de Toulouse, 11 juin 1881.
(D. P. 1882, II, 78). — Quelques cours admettent la surenchère
en dixième et repoussent celle en sixième. Dijon, 14 mai 1855. (D.
P., 1855, II, 127).

droit de suite : ce sont ceux qui ont été aliénés en vertu d'un droit, indépendant de l'hypothèque, tel que le droit de jouissance. Les fruits d'un immeuble hypothéqué appartiennent au propriétaire, malgré l'hypothèque, et il faut en conclure que le propriétaire aura le droit de faire des baux opposables à ses créanciers.

Il y a cependant des exceptions.

1º L'art. 682 du Code de procédure civile décide que les fruits d'un immeuble hypothéqué sont immobilisés à partir de la transcription de la saisie et que le prix à en provenir sera distribué avec le capital.

2º La loi du 23 mars 1855, art. 2, soumet à la transcription les baux dont la durée excède dix-huit ans, et les actes constatant même pour bail de moindre durée, quittance ou cession d'une somme équivalente à trois années de loyer en fermages non échus. Quoique la loi de 1855 s'occupe principalement de la publicité des droits réels qui grèvent les immeubles, le législateur a pensé qu'il devait y assimiler les baux d'une certaine durée, parce qu'ils réduisent dans une proportion considérable la valeur vénale de l'immeuble affermé, et qu'il est de la plus haute importance pour les acqué·reurs et les créanciers hypothécaires que la situation réelle de l'immeuble leur soit révélée. Bien des difficultés se sont élevées au sujet de cette disposition de la loi de 1855 On s'est demandé notamment pour quelle durée pourront être opposés aux créanciers les baux qui n'ont pas été transcrits. Sans entrer dans tous les détails de la question, nous la résoudrons par analogie avec l'art. 1429 du Code civil et nous déciderons que les baux non transcrits ne peuvent être opposés à l'ad-

judicataire que pour la période de dix-huit ans qui
reste à courir au jour de l'adjudication.

Le droit des créanciers devant nécessairement aboutir
en dernière analyse à la vente de l'objet hypothéqué,
il faut en conclure que toutes les parties de l'immeuble
qui ne sont pas susceptibles de saisie immobilière ne
sont pas soumises au droit de suite. C'est par application de ce principe que nous dirons que si le propriétaire
d'un immeuble hypothéqué a concédé sur cet immeuble
une servitude, un droit d'usage ou d'habitation, bien
qu'il y ait aliénation d'un démembrement de la propriété, les créanciers n'auront pas le droit de suite, et
conséquemment l'acquéreur n'aura pas à purger. On
ne voit pas, du reste, comment la purge pourrait se
faire dans ce cas-là. On a bien proposé de faire fixer
par experts la somme que l'acquéreur devra payer aux
créanciers, mais c'est là un moyen qui est absolument
contraire à l'économie générale de notre système hypothécaire et qui ne pourrait être admis que si un texte
formel l'autorisait. Tout ce que le créancier pourrait
faire, à notre avis, ce serait d'user de l'art. 2131 du
Code civil et de demander au débiteur le remboursement
immédiat de sa créance ou un supplément d'hypothèque.

Quant à l'usufruit, nous donnerons une solution différente. Ce droit, en effet, peut être cédé et, par conséquent, il est soumis au droit de suite. Si c'est l'usufruitier qui avait hypothéqué son droit et l'aliène,
l'acquéreur devra purger, car l'hypothèque continue à
frapper l'usufruit entre ses mains. Si c'est le propriétaire d'un immeuble dont la pleine propriété est hypo-
téquée qui cède son droit d'usufruit, ce droit est soumis

à l'hypothèque qui grevait la pleine propriété, en vertu de l'indivisibilité de l'hypothèque, et il pourra être saisi par les créanciers.

# CHAPITRE III

## De l'exercice du droit de suite

Le droit de suite s'exerce par la mise en mouvement de l'action hypothécaire.

A Rome, nous l'avons vu, le défendeur à l'action hypothécaire recevait l'ordre de payer ou de délaisser. S'il exécutait le *jussus judicis*, il était absous, sinon il était condamné à payer une certaine somme d'argent.

Dans notre ancien Droit on distinguait trois espèces d'actions hypothécaires: 1º La personnelle hypothécaire ; — 2º la pure hypothécaire ; — 3º l'action en interruption d'hypothèque.

L'action personnelle hypothécaire était donnée contre l'héritier pour partie détenteur d'un bien hypothéqué dépendant de la succesion, du débiteur. En sa double qualité de débiteur personnel comme héritier, et de détenteur d'un bien hypothéqué, ce possesseur était condamné à payer d'abord et subsidiairement à délaiser; tandis que dans la pure hypothécaire c'est le contraire qui a lieu. Loyseau et Pothier n'étaient pas d'accord sur la question de savoir si cette action personnelle hypothécaire n'était qu'une seule action, ou si elle en renfermait deux différentes: une action personnelle et une action hypothécaire. Loyseau enseignait que la personnelle hypothécaire n'était qu'une seule action dans laquelle s'étaient fondue l'action personnelle et l'action hypothécaire. Pothier tout en reconnaissant que l'opinion de Loyseau était admise au Palais, soutenait qu'il y avait deux actions : la personnelle et l'hypothécaire. La conséquence de son opinion était que l'héritier pouvait, en délaissant, se libérer de la part des dettes héréditaires qui excédait sa portion virile.

L'action hypothécaire était celle qu'avait le créancier hypothécaire pour la poursuite et son droit d'hypothèque contre le possesseur de la chose hypothéquée. Le créancier conclut « à ce que la chose soit déclarée hypothéquée à sa créance et à ce que en conséquence le possesseur soit condamné à la délaisser pour être vendue en justice, si mieux il n'aime payer la dette à laquelle elle est hypothéquée. » Mais il faut bien remarquer nous disent Pothier et Loyseau « que le paiement de la dette hypothécaire n'est de la part du détenteur de l'héritage hypothéqué que *in facultate solutionis;* il n'est pas *in obligatione ;* car le tiers détenteur n'est pas débiteur de cette dette, il ne l'a pas contractée, ni succédé ou participé aux obligations personnelles de ceux qui l'ont contractée. On ne laisse pas néanmoins de conclure assez souvent contre le tiers détenteur, qu'il soit tenu de payer la dette hypothécaire, si mieux il n'aime délaisser, et de rendre des sentences conformes à ces conclusions, mais ces conclusions et prononciations ne sont pas exactes dans l'élocution : C'est mettre la charrue devant les bœufs. » (1).

L'action d'interruption est celle que le créancier intente contre le détenteur d'un héritage hypothéqué à sa créance pour faire déclarer par le jugement qu'il y est hypothéqué, et pour interrompre la prescription. Elle diffère de la pure hypothécaire en ce qu'elle ne tend pas au délaissement de l'immeuble, mais simplement à la reconnaissance de l'hypothèque. Le détenteur ne pouvait opposer aucune exception à cette action, il était condamné à passer titre nouvel au profit du créancier (2).

La loi du 11 brumaire an VII ne parlait pas de la pure hypothécaire et on avait conclu à son abrogation.

Sous le Code civil l'action personnelle hypothécaire est maintenue telle que l'entendait Pothier, la loi nous dit toujours en effet que l'héritier ou légataire est tenu « personnellement pour sa part et hypothécairement pour le tout » (art. 873, 1009, 1012. Cod. civ.). Nous verrons les applications de ce principe pour le bénéfice de discussion de le délaissement.

L'action d'interruption existe encore en tant qu'elle sert à empêcher la prescription (art. 2173, Cod. civ.).

Quant à l'action pure hypothécaire elle a été abrogée. On comprenait l'existence de cette action dans l'ancien droit où les hypothèques étaient occultes, mais

---

(1) LOYSEAU, Liv. III, ch. IV. — POTHIER, *Traité de l'hypothèque*, n° 110. — *Cout. d'Orléans*, introduct. en tit. des *Arrêts*, ch. I, section 3, n° 30 et suiv.

(2) LOYSEAU, *loc. cit.* — POTHIER, *loc. cit.*

on ne peut l'admettre actuellement que les hypothèques n'existent plus qu'à la condition d'être publiques. L'article 2167, Cod. civ. nous déclare que le tiers détenteur est tenu par l'effet seul de l'inscription. Il convient de rechercher ici quels sont les effets que le droit hypothécaire produit à son égard.

A s'en tenir aux termes des art. 2167 et 2168 on pourrait dire que le seul fait de la détention oblige le détenteur à payer la dette pour sûreté de laquelle l'immeuble qu'il possède est affecté. Cependant si on recherche d'où naît cette obligation du détenteur on est amené à constater qu'elle ne procède d'aucune des sources connues, car il n'y a jamais eu de relations entre ce détenteur et le créancier. D'autre part on ne peut prétendre que c'est l'immeuble qui est obligé, car cela ne se comprend pas. Tout ce que l'on peut dire c'est que le créancier a sur l'immeuble un droit réel ; or, on sait que le droit réel est absolu et qu'il a pour corrélatif une obligation générale et négative, c'est-à-dire que le titulaire du droit réel peut exiger de la part de toute personne l'abstention de tous actes qui pourraient entraver l'exercice de son droit. Par conséquent nous pouvons conclure que tout ce que peut exiger le créancier hypothécaire c'est l'abandon de l'immeuble grevé par celui qui est détenteur, puisque sa possession par ce dernier gêne l'exercice du droit hypothécaire. D'autre part l'hypothèque d'où résulte ce droit d'abandon, n'est que la garantie d'une dette, et si la dette vient à être éteinte la garantie n'aura plus lieu d'être ; l'hypothèque disparaîtra et avec elle le droit d'exiger le délaissement. Il suffira donc au tiers détenteur d'user de la faculté qu'a tout le monde de payer la dette d'autrui pour détruire le droit qu'a le créancier d'exiger de lui le délaissement. Il est donc inexact de dire que le tiers détenteur est obligé de payer les dettes hypothécaires ou de délaisser, il n'est tenu que de délaisser (1). Cependant le Code civil consacre cette erreur qui existait déjà dans l'ancien droit et que Loyseau et Pothier n'avaient pas manqué de relever comme nous l'avons vu.

Comment vont s'exercer les poursuites hypothécaires ?

L'art. 2169 nous dit que les poursuites hypothécaires commencent par un commandement au débiteur personnel et une sommation au tiers détenteur de payer ou de délaisser. Il faut faire un commandement parce que la saisie immobilière, à laquelle aboutira la poursuite, doit être précédée d'un commandement; on le fait au débiteur personnel, parce qu'il exige un titre exécutoire et que le débiteur seul peut le recevoir; enfin, le commandement avertit le débiteur que le tiers va être poursuivi et que de cette poursuite il pourra résulter des recours contre lui. La sommation est faite au tiers détenteur pour l'obliger de ne pas mettre obstacle au droit réel du créancier hypothécaire.

Le commandement doit précéder la sommation, puisqu'il a pour but de mettre le débiteur à même d'empêcher les poursuites contre le tiers, en payant le

(1) La loi belge, du 16 décembre 1851, a accueilli ces critiques. Elle a corrigé l'art. 2168 dans ce sens; mais elle a laissé persister l'erreur dans l'art. 2169. Voyez LAURENT: *Principes de droit civil*, tom. XXXI, n° 238.

créancier. Mais si la sommation avait été faite avant le
commandement, serait-elle frappée de nullité ? Les auteurs sont en désaccord sur cette question ; la jurisprudence elle-même a varié, cependant elle semble fixée
pour la nullité de la sommation faite avant le commandement (1). Je me rallierai à cette dernière opinion.
Tout le monde d'abord la reconnaît comme la plus ra-
tionnelle, ce qui est déjà un préjugé en sa faveur. D'autre
part, l'admission de la théorie contraire conduirait à
des résultats qu'on ne saurait admettre. En effet, d'après
l'art. 2183, le tiers détenteur est déchu de la faculté de
purger trente jours, à compter de la sommation qui lui
a été faite, et c'est parce qu'il a subi cette déchéance
que l'on peut, en vertu de l'art. 2167, procéder contre
lui par voie de saisie. Or, si le commandement pouvait
être fait valablement après la sommation et pendant
les trois années durant lesquelles celle-ci conserve son
effet, le tiers détenteur pourrait se trouver déchu de la
faculté de purger longtemps avant qu'on ne puisse le
poursuivre par la voie de la saisie, ce qui serait contraire au texte et à l'esprit des art. 2169 et 2183 com-
binés. D'autre part, l'art. 2176 fournit un autre argument. D'après ce texte, les fruits de l'immeuble
hypothéqué ne sont dus par le tiers détenteur aux
créanciers hypothécaires qu'à partir du jour de la sommation ; dans l'opinion adverse le tiers détenteur per-
drait donc son droit de jouissance avant que le commandement ait été fait au débiteur, c'est-à-dire avant
que les créanciers aient le droit de procéder à la saisie ;

(1) Cass., 2 mars 1840. — SIREY, 40, I, 345. Nîmes, 28 janvier
1856. — SIREY, 56, II, 301.

or, l'immobilisation des fruits est un effet de la saisie, et l'effet ne peut exister avant la cause. Par conséséquent, il faut décider que le commandement doit précéder la sommation (1).

L'article 674 du Code de procédure civile nous dit que le commandement produit des effets pendant quatre-vingt-dix jours et la sommation pendant trois ans (2).

Nous devons rechercher maintenant quelle est la situation qui est faite au tiers détenteur par ces actes.

## SECTION I

### Des différents partis que peut prendre le tiers détenteur

En présence de la sommation qui lui est adressée par le créancier hypothécaire, le tiers détenteur a le choix entre cinq parties :

1° Opposer des exceptions ;

2° Purger ;

3° Payer ;

4° Délaisser ;

5° Se laisser exproprier.

Cette première section sera consacrée aux règles spéciales à chacun de ces partis ; la deuxième section aura pour objet les règles qui leur sont communes.

---

(1) LAURENT, *op. cit*, t. XXXI, n° 256. — AUBRY et RAU, t. III, p, 437, § 287, note 6, et les auteurs qu'ils citent.

(2) Cf. *Idem, loc. cit.*

§ I

*Des exceptions que peut opposer le tiers détenteur.*

L'ancien droit accordait au tiers détenteur de nombreuses exceptions. Pour la plupart elles étaient motivées par la clandestinité des hypothèques. Les acquéreurs ne pouvaient connaître les charges qui pesaient sur les biens dont ils voulaient devenir propriétaires, ils devaient sans cesse craindre de se voir dépossédés. Cette situation était de nature à porter atteinte au crédit public et à la circulation des biens et c'est pour y remédier qu'on a donné aux tiers détenteurs des exceptions qui seraient pour lui un moyen de protection.

Nous allons passer en revue ces différentes exceptions et nous nous demanderons si elles ont été maintenues par le Code, dans quelles mesures et selon quelles règles.

I. — *Exception de discussion.* -- Le bénéfice de discussion est le droit qu'a le tiers détenteur de faire surseoir à la vente de l'immeuble qu'il détient, en demandant que le créancier poursuivant saisisse d'abord les immeubles affectés à la même dette et qui se trouvent dans les mains du principal obligé.

Nous avons déjà vu les origines du bénéfice de discussion dans le Droit Romain. C'est Justinien qui l'introduisit dans cette législation par sa Novelle IV, chap. 2.

Dans l'ancien droit, les pays de droit écrit, fidèles aux

traditions romaines, l'admirent telle que Justinien l'avait créé.

Les pays de coutume, au contraire, le modifièrent. La coutume de Paris le repoussait lorsque l'héritage était hypothéqué pour des rentes, soit que le créancier eût une hypothèque spéciale, soit qu'il eût une hypothèque générale (1). Dans la coutume d'Orléans, au contraire, pour que l'on ne put invoquer le bénéfice de discussion, il fallait que la créance hypothécaire fût une rente, et que l'hypothèque fût spéciale (2). Dans les coutumes qui ne s'en expliquaient pas, les tiers détenteurs pouvaient opposer la discussion contre toutes les actions hypothécaires, quelle que fût la créance hypothéquée et quelle que fût l'hypothèque, spéciale ou générale. On considérait cette exception comme étant de droit commun et, par conséquent, comme devant avoir lieu toutes les fois qu'une loi ou coutume ne la prohibait pas (3).

Pour justifier le bénéfice de discussion, on invoquait la nature de l'hypothèque et l'intérêt de la circulation des biens. L'hypothèque, en effet, est l'affectation d'un bien spécial à l'acquittement d'une dette, comme le cautionnement est une garantie donnée au créancier ; or, si la caution peut invoquer le bénéfice de discussion, parce qu'elle n'est obligée au paiement qu'à défaut du débiteur principal, le détenteur, qui joue le rôle de fidéjusseur doit aussi pouvoir en profiter. D'autre part, si, en faisant discuter les biens du principal obligé, le

(1) Art. 101, cout. de Paris.
(2) Art. 436, cout. d'Orléans.
(3) Loyseau, *loc. cit.* — Pothier, *loc. cit.*

tiers détenteur empêchait la vente de son immeuble, il trouvait dans cette mesure un moyen de remédier aux inconvénients de la clandestinité de l'hypothèque.

De ces deux motifs, le dernier ne peut plus être invoqué, puisque les hypothèques sont publiques. Aussi les rédacteurs de la loi de brumaire, aux yeux desquels cette institution n'avait que cette utilité d'être un remède à la clandestinité, l'avaient-ils supprimée. Le Code civil n'a pas suivi ces errements et a rétabli cette exception. Mais depuis elle a été vivement battue en brèche, et l'on a attaqué le seul motif sur lequel elle repose maintenant. « Le Code civil, dit-on, assimile les tiers détenteur à la caution, mais l'assimilation est inexacte. Le créancier, en contractant avec la caution, sait qu'il n'a contre elle qu'une action subsidiaire et qu'elle pourra opposer le benéfice de discussion. S'il ne veut pas être exposé à cette exception dilatoire, c'est à lui d'exiger que la caution renonce au bénéfice de discussion ou s'engage solidairement. Le créancier hypothécaire, au contraire, ne contracte nullement avec le tiers détenteur. L'aliénation ne doit pas rendre la situation de ce créancier plus mauvaise, en le soumettant à une épreuve à laquelle il ne serait pas astreint si cette aliénation n'avait pas eu lieu. » (1). La loi belge a fait prévaloir cette doctrine, en abolissant le bénéfice de discussion.

Qui peut opposer le bénéfice de discussion ?

L'article 2170 nous dit que le bénéfice de discussion peut être opposé par tout tiers détenteur qui n'est pas personnellement obligé à la dette. Par tiers détenteur,

_____

(1) Rapport de M. Votimesnil, sur la réforme hypothécaire.

il ne faut pas entendre seulement l'acquéreur d'un immeuble hypothéqué, mais aussi la personne qui aurait hypothéqué son bien à la sûreté de la dette d'autrui. Le détenteur ne doit pas être personnellement obligé à la dette, parce que le bénéfice de discussion est un sursis qui lui est donné en sa qualité de détenteur ; s'il était personnellement obligé, le créancier pourrait saisir tous ses biens par l'action personnelle, et par conséquent le bénéfice de discussion n'aurait aucun résultat. De là, nous conclurons que si l'acquéreur de l'immeuble hypothéqué s'est engagé à payer entre les mains des créanciers, il ne pourra leur opposer le bénéfice de l'art. 2171, parce qu'il est devenu du fait de cet engagement leur débiteur personnel.

L'héritier pour partie du débiteur peut-il opposer le bénéfice de discussion ? Des théories divergentes se sont fait jour sur cette question, et la différence d'opinion provient du désaccord qui existait dans l'ancien droit sur ce point. Nous avons déjà vu que Loyseau (1)

(1) Voici le passage de Loyseau, il mérite d'être cité : « En France, nous disons que l'héritier et bien tenant ne peut demander discussion parce qu'il est tenu personnellement et qu'il ne peut avoir de division parce qu'il est tenu hypothécairement. Et ainsi, à le bien entendre, nous avons joint et mêlé ces deux actions ensemble, et de deux simples du Droit nous en avons fait une composée, où nous avons assemblé les effets de toutes les deux; si bien qu'à cause de ce mélange, on peut mieux dire, de cette union de l'action personnelle avec l'hypothécaire, les héritiers et bien tenants en France sont tenus chacun seul et pour le tout, sans division ni discussion. Et si nous pratiquons, que quand même *ex post facto* l'hypothécaire cesserait, comme quand l'héritier aurait aliéné les immeubles de la succession ou qu'il les voudrait délaisser par hypothèque, il ne laisserait pas d'être tenu pour le tout; et, au contraire, quand bien la personne serait

soutenait que l'action personnelle hypothécaire dont était tenu l'héritier du débiteur détenteur d'un immeuble hypothéqué, était une seule action formée de la réunion de l'action personnelle et de l'action hypothécaire. D'où il concluait que l'héritier qui avait été une fois tenu de cette action en était toujours tenu quand même il cesserait de posséder, parce que l'action était personnelle et qu'elle avait toujours lieu pour le tout parce qu'elle était hypothécaire. Pothier répudiait cette doctrine et admettait qu'il y avait deux actions qui s'intentaient conjointement, mais produisaient des effets distincts : l'héritier était tenu personnellement pour sa part et hypothécairement pour le tout. C'est la solution de Pothier que le Code consacre. Nous admettrons donc que l'héritier du débiteur qui a payé sa part héréditaire dans la dette est admis pour le surplus à opposer le bénéfice de discussion, car pour ce reliquat de la dette, il est un véritable tiers détenteur, et il n'y a pas de motif pour ne pas lui faire application de l'art. 2171.

La caution peut-elle opposer le bénéfice de discussion ? Des auteurs argumentent des termes de l'art. 2170 pour refuser à la caution le droit d'invoquer ce texte. L'art. 2170, disent-ils, veut que le tiers détenteur ne soit pas *personnellement obligé* à la dette ; or, la caution étant personnellement obligée ne satisfait pas à cette condition, et par conséquent ne doit pouvoir in-

---

éteinte, par offre ou paiement, de sa portion héréditaire : si, est-ce que pour le surplus, il ne pourrait demander que ses cohéritiers fussent discutés. » — LOYSEAU : *De l'action hypoth.*, liv. III, ch. II, n° 6,

voquer le bénéfice. Je n'admets pas cette solution.
Nous avons vu précédemment que si le détenteur personnellement obligé ne peut invoquer le bénéfice de
discussion, c'est parce qu'on pourrait le poursuivre à
un autre titre. Mais ceci ne s'applique plus à la caution, car si on la poursuivait comme caution, elle pourrait opposer le bénéfice de discussion de l'art. 2021 du
Code civil. On ne peut donc dire qu'elle perd, comme
obligée personnellement, les avantages que lui confé-
rait sa situation de tiers détenteur (1).

A qui peut être opposé le bénéfice de discussion ?

L'art. 2171 décide que le bénéfice de discussion ne
peut être opposé au créancier privilégié ou ayant une
hypothèque spéciale ; par conséquent, les créanciers à
hypothèques légales ou judiciaires seuls pourront se
voir opposer le bénéfice de discussion, tandis que les
créanciers à hypothèque conventionnelle n'y seront
jamais exposés. Le législateur a pensé qu'il ne pouvait permettre d'opposer le bénéfice de discussion aux
créanciers à hypothèque conventionnelle, parce que
ceux-ci ont traité en vue de tel gage et non de tel
autre, et qu'il était nécessaire de respecter cette convention. Quant à la faveur que l'on a accordée aux
priviléges, elle était une conséquence de celle que l'on
faisait aux créanciers à hypothèque spéciale. Les priviléges sur les immeubles sont des hypothèques privi-
légiées, dès lors la loi a voulu les traiter sur le point
qui nous occupe, aussi bien que l'hypothèque la plus
favorisée.

Quelles sont les conditions d'exercice du bénéfice de

(1) En sens contraire, PONT.: *Traité des Hypoth.*, t. II, n° 1660.

discussion? — Le bénéfice de discussion peut s'exercer à trois conditions :

1º Il doit être apposé sur les premières poursuites (art. 2022 et 2170 C. civ.), parce que c'est un moyen dilatoire, et que, d'autre part, le créancier peut supposer que le tiers détenteur y a renoncé s'il ne l'invoque immédiatement. Quand pourra-t-on dire que les premières poursuites sont commencées ? A notre avis, les premières poursuites sont celles qui se révèlent par la dénonciation de la saisie. Il ne faudrait pas y faire rentrer les sommations, parce que malgré ces actes, le détenteur n'est pas encore certain que l'action hypothécaire sera intentée, et qu'il peut espérer que le débiteur originaire paiera au commandement. Pour nous, le bénéfice de discussion ne pourra être invoqué que jusqu'au moment où la saisie aura été commencée et dénoncée.

2º Le détenteur ne peut renvoyer à discuter que des immeubles soumis au paiement de la même dette, se trouvant entre les mains du principal ou des principaux obligés et qui ne sont pas litigieux, ni situés au dehors du ressort de la Cour où le paiement doit être fait. Ces conditions sont imposées par la loi, afin que le bénéfice de discussion ne devienne pas une mesure vexatoire et préjudiciable au créancier.

Des difficultés se sont élevées sur le point de savoir ce qu'il faut entendre par ces expressions « principaux obligés. » Il est certain qu'on doit y faire rentrer tous les débiteurs tenus solidairement ou conjointement. Mais que décider pour la caution ? Le tiers détenteur pourra-t-il renvoyer les créanciers à discuter les biens hypothéqués à la même dette qui se trouvent

entre les mains de la caution ? Des auteurs soutiennent l'affirmative en s'appuyant sur l'ancien droit (1),
auquel rien n'indique que le Code ait voulu déroger.
D'autre part, disent-ils, si, par rapport au débiteur direct, la caution est un débiteur accessoire, il est vrai
de dire qu'elle est elle-même débiteur principal ou principalement obligé par rapport au tiers détenteur, en
sorte qu'on se trouve ici dans les termes mêmes de la
loi (2).

Nous n'admettrons pas cette solution. Il est inexact,
à notre avis, de soutenir que toute obligation personnelle puisse être considérée comme principale. A vrai
dire, nous sommes en présence de deux obligations
accessoires : l'obligation de la caution et l'obligation
hypothécaire. La question se ramène donc à savoir s'il
faut préférer la caution au tiers détenteur. Je crois
qu'il faut préférer la caution. Le tiers détenteur, en
effet, ne peut être qu'un acquéreur ou bien une personne qui a hypothéqué son bien à la dette d'autrui.
Si c'est un acquéreur, on peut dire que la caution ne
s'est obligée que sous la condition que les biens hypothéqués seraient tout d'abord affectés au paiement de
la dette, et l'aliénation qui lui est étrangère ne saurait
rendre sa condition pire. Le tiers acquéreur ne peut
invoquer à son profit aucune considération semblable ;
s'il est poursuivi par le créancier hypothécaire, il est
en faute, puisqu'il n'a pas payé. La caution, au contraire, n'a rien à se reprocher. — Si, d'autre part, nous

(1) Voy. d'Espeisses: *Contrats*, part. III, tit. 2, sect. 2., 4°. —
Pothier, *op. cit.*

(2) Voy. Pont., *op. cit.*

supposons qu'il s'agit d'une personne qui a hypothéqué son immeuble à la sûreté de la dette d'autrui,
nous sommes en présence de deux cautions : l'une sur
tous ses biens, c'est la caution proprement dite ; et
l'autre sur un bien déterminé, c'est le détenteur. Or,
entre ces deux personnes, il n'y a pas de motifs de
préférence, et c'est celui qui sera poursuivi qui sera
sacrifié, puisqu'il ne pourra invoquer le bénéfice de
discussion. Donc, pour nous, le tiers détenteur ne peut
faire discuter les biens de la caution.

3° Le tiers détenteur doit faire l'avance des frais de
discussions. Le créancier ne pourra reprendre la poursuite qu'en démontrant qu'il n'a pas été désintéressé
par le tiers discuté.

Outre l'exception de discussion, l'ancien droit accordait au tiers détenteur quatre autres exceptions.
Nous allons les passer en revue et voir si le Code les
a maintenues.

II. — *Exception de priorité d'hypothèque.* — Dans
le droit ancien, on admettait que le tiers détenteur
pouvait repousser le créancier lorsqu'il avait lui-même
sur l'immeuble une hypothèque préférable à celle de
ce dernier. Il lui opposait l'exception : *Si non mihi
ante pignoris hypothecæve nomine, sit res obligata.*

Cette doctrine fut admise dans notre ancienne jurisprudence sous le nom d'exception de priorité d'hypothèque, où elle reposait, comme au droit romain, sur
ce motif, que le créancier premier en rang pouvait
seul faire vendre. Aujourd'hui, cette solution n'est plus
admissible, car tout créancier a sur le gage un droit
de vente qui lui est conféré, non par son rang hypothécaire, mais par l'hypothèque elle-même. Le rang de

l'hypothèque n'est utile que pour la collocation, et il n'y a lieu de s'en occuper qu'après l'expropriation.

III. — *Exception de garantie.* — L'exception de garantie est celle qui est donnée au tiers détenteur contre un créancier hypothécaire, lorsque ce créancier se trouve personnellement obligé, de quelque manière que ce soit, à la garantie de l'immeuble engagé. Si, par exemple, un créancier devient héritier du débiteur qui a concédé l'hypothèque, il se trouve par là tenu de la garantie du droit concédé et ne peut plus exproprier le tiers détenteur.

Cette exception qui n'est qu'une application du principe *quem de evictione tenet actio, eumdem agentem repellit exceptio* doit encore être admise sous l'empire de la législation actuelle.

IV. — *Exception d'impenses.* — Dans le droit romain et l'ancien droit, le détenteur avait une exception à raison des impenses qu'il avait faites à l'occasion de la chose hypothéquée. Pour éviter des redites, nous renvoyons l'étude de cette question à notre section suivante où nous étudierons avec l'art. 2175 le réglement des indemnités dues au tiers détenteur.

V. — *Exception cendendarum actionum.* — Cette exception instituée par le droit romain avait été consacrée par l'ancien droit. Lorsque le créancier poursuivant avait des actions contre d'autres personnes, le tiers détenteur pouvait se faire subroger dans le bénéfice de ces actions. Ce droit existe encore actuellement. L'art. 1251, 3° consacre de plein droit cette cession d'action, sous le nom de subrogation légale. Lorsque le créancier n'avait pas conservé intactes ses actions

le tiers détenteur pouvait alors lui opposer cette perte
et le repousser dans son action. De nos jours, si le
créancier hypothécaire a rendu la subrogation impossible, le tiers détenteur pourra-t-il le repousser.

L'art. 2037 du Code civil admet que la caution peut
repousser le créancier dans le cas où celui-ci ne peut
plus le subroger. Quant au tiers détenteur, nous distinguerons suivant qu'il s'agit d'une personne qui a hypothéqué son immeuble pour sûreté de la dette d'autrui, ou d'un acquéreur d'un immeuble hypothéqué.

Dans le premier cas, on peut dire que le détenteur
est une véritable caution et nous lui appliquerons l'article 2037. Quant au tiers acquéreur, on ne peut dire
qu'il a eu un rapport juridique quelconque avec le
créancier et, par conséquent, nous lui refusons le bé-
fice de l'art. 2037. Du reste, ce tiers acquéreur est en
faute de ne pas avoir purgé, tandis qu'on ne peut adresser un reproche semblable à la caution.

§ II

*De la Purge*

Le second parti que peut prendre le tiers détenteur,
afin d'échapper à la poursuite hypothécaire est la
purge. Nous n'avons pas l'intention d'exposer ici toute
la théorie de la purge ; ce serait sortir des limites que
nous impose le cadre de cette étude, nous nous bornerons donc à en faire un rapide historique et à examiner quelques questions, particulièrement relatives
aux droits des créanciérs hypothécaires.

La purge est une faculté que la Loi donne à l'ac-

quéreur d'un immeuble hypothéqué afin de lui permettre d'éteindre les hypothèques en offrant le prix de
son acquisition aux créanciers hypothécaires, ou en
les mettant en demeure de faire surenchère.

Dans le droit romain, la purge des hypothèques
n'existait pas.

Dans l'ancien droit, on admettait que le tiers détenteur qui voulait éviter le délaissement ou l'expropriation pouvait purger les hypothèques qui grevaient son
immeuble. La purge se fit d'abord par *décrets volontaires,* puis un édit de 1771 établit le système des *lettres
de ratification.*

Nous devons mentionner cependant un procédé de
purge spécial à la Bretagne ; c'est le système dit *des
Appropriances.* Lorsqu'un acquéreur avait possédé
pendant un certain temps, il se trouvait libéré des
poursuites hypothécaires. Les créanciers étaient avertis
par affiches et publications et s'ils ne se présentaient
pas dans le délai de l'appropriance, leurs droits étaient
éteints. Loyseau nous dit que la lecture publique des
contrats aurait produit en Normandie les mêmes effets
que les appropriances de Bretagne. Des doutes se sont
cependant élevés sur l'existence de cette institution
niée par d'autres auteurs, notamment par Basnage (1).

Le système de purge le plus ancien et le plus répandu était celui des *décrets volontaires.* Il avait sa
source dans le principe que nous avons déjà vu, à savoir que : « Décret forcé nettoie toutes hypothèques. »
Après une vente amiable, l'acquéreur qui voulait pur-

(1) Loyseau, *Déguerpis.*, liv. III, ch. i, n° 17. — Basnage, *Traité des Hypothèques.*, ch. i, p. 9.

ger faisait saisir fictivement son immeuble hypothéqué. On procédait suivant les formalités prescrites pour
le décret forcé ; l'immeuble était vendu sur saisie ; le
saisi le rachetait et l'avait ainsi libre de toutes hypothèques. Ce procédé était dangereux parce que l'immeuble étant adjugé au plus fort enchérisseur, celui
qui faisait la vente pouvait être évincé ou obligé de
payer aux créanciers un prix supérieur à celui pour
lequel il avait fait son acquisition amiable.

Un édit de 1771 substitua au décret volontaire les
*lettres de ratification.* Dans chaque bailliage ou séné-
chaussée était établi un greffe où les créanciers hypothécaires devaient former opposition pour la conservation de leurs droits. L'acquéreur déposait son titre
entre les mains du conservateur du greffe auquel res-
sortissaient les héritages vendus ; ce fonctionnaire devait afficher ce titre et le laisser exposé pendant deux
mois sur un tableau placé dans l'auditoire. Pendant
ce temps, les créanciers devaient faire opposition aux
surenchères, sinon leurs droits hypothécaires étaient
éteints. On délivrait alors des lettres dites de ratification, constatant le dégrèvement de l'immeuble. S'il y
avait opposition l'acquéreur devait payer entre les
mains des créanciers inscrits ; s'il y avait surenchère,
il pouvait garder l'immeuble en payant le prix fixé
par l'enchère la plus élevée.

Sous la loi de brumaire, la purge fut simplifiée. Le
tiers acquéreur devait notifier son titre aux créanciers
inscrits, en les mettant en demeure d'accepter le prix
ou de faire surenchère.

Les rédacteurs du Code ne pouvaient maintenir la
purge telle qu'elle avait été instituée par le droit inter-

médiaire, puisque ils dispensaient certaines hypothèques de l'inscription. Aussi, il a créé deux modes de
purge : la purge des hypothèques inscrites et la purge
des hypothèques légales.

La purge consacre une dérogation aux droits des
créanciers hypothécaires. En effet, en vertu de son contrat d'hypothèque, le créancier pouvait saisir l'immeuble, si on ne le payait pas ; mais il demeurait libre de
choisir le moment où il procéderait à la saisie. Or,
c'est cette liberté que la purge enlève aux créanciers
hypothécaires. D'autre part, le créancier hypothécaire,
qui avait fait un bon placement désirait le conserver,
tandis que la purge lui impose l'obligation d'accepter
son remboursement. Cependant le législateur a dû
maintenir cette institution, parce qu'elle facilite la circulation des biens, en permettant de les dégrever des
hypothèques.

Dans quels cas y a-t-il lieu de purger? Nous avons
déja résolu cette question par avance. Il n'y a pas lieu
de purger lorsque l'acquisition aura eu pour résultat
de transporter le droit des créanciers de l'immeuble
sur le prix, c'est ce qui arrive au cas de saisie, ni lorsque le prix sera fixé à l'égard de tous les créanciers
(adjudication sur surenchère).

*Qui peut purger?* — A consulter l'article 2181 du
Code civil, il semble que, pour pouvoir purger, il faut
être acquéreur de droits réels immobiliers. La formule
donnée par ce texte n'est pas exacte ; nous devons la
préciser en y apportant trois restrictions :

1° *Impossibilité de purger provenant d'une obligation personnelle.* — La purge, nous l'avons dit, dé-

roge aux droits que le créancier tenait de son contrat d'hypothèque et de l'acte constitutif de sa créance. Or, le législateur n'a pas admis que ceux qui figurent dans ces contrats puissent purger, parce qu'ils violeraient leurs engagements. Nous refuserons donc le droit de purger au codébiteur solidaire ; — au tiers détenteur qui a affecté son immeuble à la sûreté de la dette d'autrui, parce qu'il violerait la garantie hypothécaire (1); — à l'héritier pour partie, parce que comme héritier, il est tenu personnellement de la constitution d'hypothèque ; — à la caution ; — au débiteur conjoint qui a affecté son immeuble à la totalité de la dette. ·

*2° Impossibilité de purger dérivant de la nature du droit transmis.* — Il semble que l'art. 2181 permette de purger tous les actes translatifs de droits réels. Il n'en est rien cependant. Lorsqu'il s'agit de droits incessibles, la purge n'est pas possible, parce qu'il ne peut y avoir revente sur surenchère, on ne conçoit donc pas la purge de droits d'usage, d'habitation, de servitude.

*3° Impossibilité de purger tenant au titre.* — L'article 2181 semble dire que la purge n'est possible qu'au cas où l'immeuble a été acquis en vertu d'un *contrat*. Il ne faut cependant pas prendre ces expressions à la lettre ; on voit souvent le législateur employer le mot contrat dans le sens de *actes*. Nous admettrons donc qu'un donataire peut purger, et même un légataire à titre particulier.

---

(1) Nous verrons que ce tiers peut délaisser, parce que le délaissement n'est que l'exercice du droit hypothécaire, tandis que la purge est une violation des droits des créanciers.

*Des formalités de la purge.* — Tant que le tiers détenteur n'a pas reçu de sommation des créanciers, il est libre de purger quand il lui plaît ; mais, dès que les sommations lui ont été faites, il est astreint à purger dans un délai de trente jours.

Nous n'entrerons pas dans le détail de toutes les formalités que doit remplir le tiers détenteur tenu de purger ; nous renvoyons aux art. 2182 et suivants. Le tiers détenteur fera les notifications prescrites par l'article 2184 ; en présence de ces actes, les créanciers ont une alternative. Ils doivent accepter le prix offerts expressément ou tacitement. Ils sont réputés l'avoir accepté tacitement lorsqu'ils gardent le silence pendant quarante jours. — S'ils ne veulent pas accepter le prix, ils feront surenchère du dixième. La surenchère aboutissant à la vente, il faudra pour la faire être capable d'aliéner. La réquisition de surenchère sera faite à l'acquéreur, qui veut purger, au débiteur principal et au précédent propriétaire.

Quant aux effets du jugement d'adjudication sur surenchère, en ce qui concerne le droit de suite, nous renvoyons à notre Chapitre II.

## § III

### *Du paiement.*

Le troisième parti que peut prendre le tiers détenteur d'un immeuble hypothéqué est de payer la dette pour sûreté de laquelle l'hypothèque a été consentie. En faisant ce paiement, nous l'avons établi précédemment et nous n'insisterons pas, le détenteur ne fait qu'user du droit qui est donné à toute personne de payer la dette d'autrui. Ce paiement a pour effet d'éteindre la créance et avec elle disparaît, par voie de conséquence, l'hypothèque qui la garantissait et dans laquelle les créanciers puisaient leur droit d'agir contre les tiers détenteurs. Mais, remarquons-le bien, en payant, le tiers détenteur ne fait qu'user d'une faculté, et n'exécute pas une obligation. Nous repoussons donc l'opinion des auteurs qui soutiennent que le tiers détenteur paie en qualité de débiteur personnel, comme étant inconciliable avec les principes que nous avons posés et justifiés précédemment.

C'est donc *pour* le débiteur et non *comme* débiteur que le tiers détenteur paie. Demandons-nous maintenant ce qu'il doit payer ?

L'art. 2168 nous dit qu'il doit payer tous les intérêts et capitaux exigibles. Pourquoi doit-il acquitter ainsi les dettes intégralement ? C'est parce qu'il est tenu de payer ce que le créancier a le droit de poursuivre contre lui en vertu de son droit hypothécaire. L'hypothèque garantit toute la dette : il n'y a pas à considérer quelle est la valeur du bien possédé par le tiers détenteur, ni s'il possède tous les biens affectés au paiement de la créance. L'action hypothécaire est indivisible, et précisément c'est en vertu de cette action qu'il est poursuivi.

Mais le tiers détenteur pourra invoquer tous les termes et délais dont jouissait le débiteur personnel. C'est qu'en effet il s'agit, non pas d'une dette personnelle du détenteur, mais de celle du débiteur originaire. Les créanciers ne peuvent poursuivre utilement la saisie que lorsque les termes qui étaient accordés pour le paiement de cette dette sont écoulés et, par conséquent, ce n'est qu'à ce moment que le tiers détenteur aura intérêt à payer.

Il pourra arriver que le créancier, en évaluant sa créance dans l'inscription, en ait porté le montant à une somme inférieure à celle qui se trouve déterminée par les événements ultérieurs. Dans cette hypothèse, nous devons rechercher si le détenteur devra payer la somme indiquée dans l'inscription ou la créance réelle ? Nous pensons que le tiers détenteur ne doit payer que la somme portée dans l'inscription.

C'est qu'en effet ce n'est pas à raison d'une obligation personnelle qu'il est tenu, mais seulement par suite de l'effet de l'inscription (art. 2167, Civ.); par conséquent, pour se libérer il lui suffira de verser le montant de la somme inscrite.

Il serait donc inexact de dire que le tiers détenteur est obligé de payer ce que doit le débiteur originaire, car celui-ci, pour désintéresser les créanciers et dégrever l'immeuble, devra payer toute la dette et ses accessoires. On pourrait objecter que le détenteur acquittant la dette d'autrui, il doit en verser la totalité, le créancier n'étant jamais tenu de recevoir un paiement partiel (art. 1244 Cod., civ.). Je répondrai simplement qu'en ce qui concerne le tiers détenteur, lorsqu'il paie ce qui figure dans l'inscription, il paie toute la dette, car c'est dans l'inscription seule qu'il puise les renseignements relatifs au montant de la dette. Il ne faut donc pas prendre au pied de la lettre l'art. 2168 lorsqu'il nous dit que le tiers détenteur doit payer tous les capitaux exigibles.

Nous ferons la même restriction en ce qui concerne les intérêts, et, d'après les mêmes principes d'interprétation, nous dirons que le tiers détenteur ne doit payer que les intérêts fixés par l'application de l'art. 2151, c'est-à-dire les intérêts dus hypothécairement.

Le tiers détenteur aura-t-il toujours avantage à prendre ce troisième parti ? Non, certainement. Il est évident qu'il n'aura intérêt à payer que lorsque son prix serait insuffisant pour payer tous les créanciers hypothécaires.

## § IV

### *Du Délaissement*

Le délaissement est l'obligation normale à laquelle est soumis le tiers détenteur d'un immeuble hypothéqué.

Cependant, lors du projet de réforme hypothécaire qui eut lieu en 1841, on attaqua vivement cette institution et on proposa même de la détruire. « Pour venir en aide au tiers détenteur, disait-on, il n'est pas nécessaire de lui offrir un moyen aussi facile de se délier de son acquisition. On doit tout à un acquéreur qui exécute loyalement ses engagements, en payant et en offrant de payer intégralement son prix ; on ne doit rien à celui qui regarde son titre comme une lettre morte, et qui ne répond aux poursuites légitimes des créanciers qu'en leur offrant la restitution de leur gage. Les créanciers, avec leurs droits hypothécaires, ont tous les droits de leurs débiteurs. et, de même que le tiers détenteur ne pourrait pas éviter les poursuites de celui-ci par la restitution de l'immeuble, de même il ne peut pas empêcher celles des créanciers par un délaissement qui, en définitive, n'est pas autre chose qu'une résolution de contrat par la seule volonté de la personne engagée. L'inexécution des contrats est sans doute une juste cause de résolution, mais pour celui envers qui ils contiennent des engagements, jamais pour ceux qui les ont pris (1). »

Ces objections portent à faux, à notre avis. Le tiers détenteur, en délaissant, ne fait qu'accomplir l'obligation dont il était tenu. En acquérant un immeuble grevé de charges hypothécaires, il n'a pas entendu devenir le débiteur personnel des créanciers au profit desquels elles ont été consenties. Tiers vis-à-vis d'eux avant l'aliénation, tiers il reste après son acquisition. Cette aliénation, en effet, ne saurait avoir aucune influence sur les droits d'aucune des parties. L'immeuble était grevé de droits réels, il passera entre les mains de l'acquéreur avec les mêmes charges. La seule conséquence qui en résultera, sera que cet acquéreur devra subir et respecter le droit des créanciers, et tout ce que ceux-ci pourront exiger de lui, ce sera qu'il ne mette pas d'obstacle à l'exercice de leurs droits. Or, précisément, en abandonnant l'héritage hypothéqué, le détenteur, satisfait à cette obligation, tenu seulement *propter rem*, il cesse de l'être lorsqu'il a délaissé la chose. Aussi voyons qu'alors le législateur décide qu'un curateur sera nommé à l'immeuble délaissé et que c'est contre ce curateur qu'on poursuivra le vente.

On pourrait se demander pourquoi ce curateur : n'aurait-on pas pu poursuivre l'expropriation contre .

(1) Voy. les rapports de M. Persil, p. 174 et suiv.; de M. Bethmont. p. 116; de M. Vatimesnil, p. 46.

le tiers détenteur ? Voici les motifs de cette décision. Dans l'ancien droit l'insolvabilité était notée d'infamie, et le débiteur qui faisait cession de biens, même avec le consentement de ses créanciers, était soumis à des formalités déshonorantes. Cette même ignominie était attachée à la vente forcée des biens, que les créanciers, poursuivaient par la saisie et l'expropriation : dès lors, on comprenait très bien que pour éviter une honte qu'il ne méritait pas, le tiers détenteur délaissât. Sans doute, ce tiers n'était pas débiteur, il n'était pas insolvable ; mais, en apparence, il l'était, puisque la procédure se poursuivait contre lui. Son honneur et son intérêt exigeaient donc qu'il laissât la procédure se poursuivre contre un curateur (1). De nos jours, il n'en est pas ainsi, et la déconfiture n'est pas nécessairement déshonorante. Néanmoins, le tiers aura encore intérêt à délaisser, parce que la saisie et l'expropriation porteraient atteinte à son crédit.

Pour le public qui verra les affiches sans les lire en détail, ou qui, les lisant, ne comprendra pas la différence qu'il y a entre un débiteur saisi pour son compte, .et un tiers détenteur qui ne veut pas payer la dette hypothécaire au-delà de son prix d'acquisition, la qualité de saisi impliquera toujours une preuve d'insolvabilité. C'est justement ce crédit du tiers détenteur que la loi veut sauvegarder, c'est pourquoi elle décide que la vente sera poursuivie contre un curateur. Les créanciers, du reste, n'en souffrent pas, ils pourront procéder aussi bien contre le curateur que contre le tiers détenteur.

(1) Loyseau : *Du déguerpissement*, liv. VI. ch. iii, n° 3.

Il est, du reste assez naturel, que le détenteur puisse se soustraire aux ennuis et aux embarras d'une longue procédure, dans laquelle il n'est pas réellement partie intéressée. D'autre part, en délaissant, il se décharge de l'administration de l'immeuble et de la responsabilité qui pourrait en être la conséquence.

Enfin, la nomination d'un curateur tranche une difficulté qu'on aurait pu susciter en invoquant l'article 711 du Code de procédure civile. Cet article déclare, en effet, que le saisi ne peut se rendre adjudicataire ; or, on aurait pu dire que le tiers détenteur, contre lequel on poursuivait l'expropriation, devait être assimilé au saisi et ne devait pouvoir enchérir.

Nous classerons nos explications sur le délaissement sous trois chefs :

1º Conditions du délaissement ;

2º Formalités du délaissement ;

3º Effets du délaissement.

1º Conditions du délaissement. — L'art. 2172 nous indique deux conditions, moyennant lesquelles le tiers détenteur pourra délaisser. Il faut : 1º qu'il ne soit pas personnellement obligé à la dette ; 2º qu'il soit capable d'aliéner. Nous étudierons séparément chacune de ces deux conditions, puis nous rechercherons si, lorsqu'elles seront remplies, le tiers détenteur pourra toujours délaisser, ou si, au contraire, il ne faudra pas quelque chose de plus que ce que prescrit le texte que nous venons de citer.

A). *Il ne faut pas être personnellement obligé à la dette.* — Cette condition dérive de la nature même des choses. C'est, qu'en effet, le détenteur délaisse afin de se soustraire à l'expropriation ; or, il est bien évident que ce délaissement serait complétement inutile si les créanciers pouvaient poursuivre le tiers détenteur à un autre titre. « Le délaissement du gage, dit Loyseau, ne peut pas abolir l'obligation personnelle qui résulte du contrat, et qui a son effet sur tous les biens et sur la personne même du débiteur. (1) »

Recherchons quels sont les détenteurs qui ne peuvent délaisser parce qu'ils sont débiteurs personnels.

Le débiteur solidaire qui acquiert l'immeuble hypothéqué pour son codébiteur ne peut pas délaisser.

C'est qu'en effet, il n'est pas tiers quant à la dette ; il en est tenu personnellement et pour le tout, ce n'est pas le délaissement qui l'affranchira des poursuites hypothécaires mais le paiement de la totalité de la dette.

Le débiteur conjoint ne peut non plus délaisser parce qu'il est tenu personnellement. Il y a cependant une différence qui le sépare du débiteur solidaire. Il suffira en effet, au débiteur conjoint de payer sa part dans la dette pour s'affranchir de la poursuite ; pour le surplus il peut délaisser parce qu'il n'est plus débiteur personnel. Le débiteur solidaire, au contraire, ne pourrait délaisser pour le surplus de sa part, car il est tenu pour le tout.

Ceci s'applique à l'héritier du débiteur puisqu'il continue la personne, et est tenu personnellement de ses dettes. Si toutefois ils sont plusieurs, les dettes se divisent entre-eux ; le débiteur qui aura payé la portion dont il est tenu personnellement, pourra délaisser puisqu'il aura cessé d'être tenu personnellement.

(1) Loyseau: *Déguerpissement,* liv. IV, ch. iii, n° 2.

Ce que nous disons de l'héritier pur et simple, doit s'étendre à l'héritier bénéficiaire.

C'est qu'en effet, en tant que propriétaire de la masse des biens du défunt, il est tenu des obligations de ce dernier. C'est ce que disait déjà Loyseau : « Il faut tenir pour certain, que toutes les règles qui s'observent en l'héritier simple doivent être gardées en l'héritier par bénéfice d'inventaire, fors qu'il ne peut jamais être tenu outre la valeur des biens héréditaires ; mais outre cette particularité et peu d'autres qui en résultent, il est en tout et partout semblable à l'héritier simple. » (1) Il ne peut donc pas délaisser s'il est seul héritier ; mais s'ils sont plusieurs, chacun d'eux pourrait, après avoir payé sa portion héréditaire dans la dette hypothécaire, délaisser l'immeuble hypothéqué dont il serait en possession. Il faut cependant remarquer dans ce dernier cas, que notre loi exigeant la capacité d'aliéner pour le délaissement, l'héritier bénéficiaire qui délaisserait sans observer les formalités prescrites (art. 806), pourrait être declaré déchu de son bénéfice d'inventaire.

Les légataires universels ou à titre universel sont régis par les mêmes règles que les héritiers, puisqu'ils sont tenus des dettes. Quant au légataire à titre particulier il pourrait délaisser, caril n'est tenu qu'hypothécairement.

La caution, qui deviendrait acquéreur d'un immeuble hypothéqué à la dette par le débiteur ne pourrait délaisser. Il n'y a pas contradiction à refuser le délaissement à la caution, alors que nous lui avons accordé le bénéfice de discussion. Si nous avons accordé le

(1) Loyseau, *op. cit.*

bénéfice de la discussion à la caution, c'est parce que
la loi le lui donnait en deux qualités : et comme caution,
et comme tiers détenteur, et que la réunion de ces deux
qualités ne pouvait lui faire perdre les avantages de
chacune d'elles. Le délaissement au contraire, lui est
refusé, parce qu'il serait inutile, puisque les créanciers,
malgré le délaissement pourraient la poursuivre sur
tous ses biens.

Il ne faut pas confondre la caution avec les tiers qui
a hypothéqué son immeuble pour sûreté de la dette
d'autrui, dont il n'est pas tenu personnellement. Il n'a,
en effet, conféré au créancier que le droit de mettre
en vente son immeuble, sans promettre d'acquitter lui-
même la dette à défaut du débiteur. Il n'est donc tenu
qu'à raison de sa détention et par conséquent il pourra
délaisser.

La femme commune en biens qui accepte la communauté est tenue de la moitié des dettes comme as-
sociée, elle est donc débitrice personnelle, et son bénéfice d'émolument ne détruit pas cette qualité. Si donc
un immeuble de la communauté grevé d'une dette hypothécaire à charge de la communauté tombe dans son
lot, elle ne pourra délaisser qu'après avoir payé sa
quote-part.

Si le tiers détenteur avait reconnu la charge hypothécaire ou avait été condamné en cette qualité, seulement, il ne faudrait pas en conclure qu'il est devenu
débiteur personnel et qu'il ne peut plus délaisser.

La reconnaissance volontaire ou judiciaire de l'hypothèque ne change pas la situation du tiers détenteur ;
elle constate l'existence des droits, mais n'en crée pas ;
dès lors, si le tiers détenteur n'était pas débiteur per-

sonnel avant cette constatation, il ne l'est pas davantage après. C'est ce que décide l'art. 2170 du Code
civil ; et voici dans quelles circonstances on en trouvera l'application.

Il est possible que le créancier ne puisse opérer la
saisie de l'immeuble hypothéqué parce que la dette
n'est pas encore exigible. Or, afin d'éviter la prescription de son hypothèque, il peut en demander au tiers
détenteur une reconnaissance écrite, laquelle reconnaissance aura pour effet, d'interrompre la prescription. — Il pourrait arriver que le tiers détenteur refuse de reconnaître volontairement l'hypothèque qui
grève l'immeuble dont il est en possession, le créancier
l'assignera alors en reconnaissance d'hypothèque, et
obtiendra un jugement, proclamant l'existence de l'hypothèque.

Cette reconnaissance judiciaire, interrompra la prescription comme l'aurait fait la reconnaissance volontaire. Ni dans l'un ni dans l'autre cas, le tiers détenteur n'est devenu le débiteur personnel du créancier
hypothécaire, il continuera donc à jouir de la faculté
de délaisser.

Enfin, il pourait encore y avoir lieu d'appliquer
l'art. 2173, dans le cas où le tiers détenteur assignerait
le créancier hypothécaire en radiation d'hypothèque
et succomberait.

La condamnation n'interviendrait contre lui qu'en
sa qualité de tiers détenteur ; elle ne le rendrait pas
débiteur personnel et il pourrait délaisser.

*B). — Il faut avoir la capacité d'aliéner.* — La seconde condition exigée par l'art. 2172, pour que le tiers

détenteur puisse délaisser est qu'il ait la capacité d'a-
liéner. Pourquoi prescrire cette condition ! il semble
bien, qu'elle constitue un défaut d'harmonie avec le
caractère général du délaissement ? Celui qui délaisse,
en effet, ne perd ni la propriété et l'immeuble délaissé,
ni même la possession, mais seulement la détention,
comme nous le verrons bientôt. Le délaissement a
seulement pour but d'éviter au tiers détenteur la
nécessité de subir la honte de l'expropriation. Cette
condition s'explique cependant par ce fait, que le
délaissement conduit à l'aliénation, et il n'y a rien
que de naturel à exiger la capacité d'aliéner dès le
début des opérations.

Par application de ce principe nous déciderons que
les incapables ne peuvent pas délaisser.

Ainsi la femme séparée de biens, ne pourra délaisser
qu'avec l'autorisation de son mari ou de justice.

Les administrateurs légaux ou conventionnels ne
peuvent aliéner, par conséquent ils ne doivent pas
pouvoir délaisser.

Des difficultés se sont élevées, quant au tuteur. Nous
déciderons qu'il devra remplir toutes les formalités
prescrites pour les cas d'aliénation par ce motif que
l'art. 2172 exige formellement la capacité d'aliéner. Il
devra donc à notre avis, non seulement être autorisé
par le conseil de famille, mais il faudra de plus l'ho-
mologation du tribunal (1).

Le mineur émancipé ne peut faire que les actes de
pure administration, il ne pourra donc délaisser qu'en

(1) Voy. LAURENT, loc. cit. — PONT.: Hypothèques, loc. lit. —
AUBRY et RAU, t. III, p. 448, note 43.

observant les formalités prescrites pour les cas d'aliénation.

Les envoyés en possession provisoire des biens d'un absent n'ont pas le pouvoir de délaisser puisqu'ils n'ont pas la capacité d'aliéner. On admet bien, il est vrai, malgré la prohibition de l'art. 128 du Code civil, qu'ils peuvent être relevés de l'incapacité d'aliéner, lorsque l'aliénation paraît indispensable. Mais le délaissement n'a jamais le caractère de nécessité. L'intérêt de l'absent réclame, au contraire, que les envoyés en possession provisoire restent en cause pour surveiller la procédure en expropriation. Quant aux envoyés en possession définitive, étant capables d'après l'art. 132 du Code civil, d'aliéner les biens de l'absent, ils peuvent par cela même faire le délaissement.

*C.). — N'y a-t-il pas d'autres conditions nécessaires pour que le délaissement soit possible?* — Nous devons nous demander maintenant si toutes les fois que le tiers détenteur sera capable d'aliéner sans être débiteur personnel, il pourra opérer le délaissement?

A cette question nous répondons négativement. Le délaissement, nous l'avons vu, est une faculté que la loi donne au tiers détenteur pour lui permettre d'échapper aux ennuis et aux désagréments de la saisie. Or, il est évident qu'on devra lui refuser de délaisser toutes les fois qu'il peut éviter l'expropriation d'une autre façon et sous aucun dommage pour lui. C'est ce qui arrivera notamment dans le cas où le prix d'acquisition sera supérieur au montant des créances garanties par les hypothèques. C'est la théorie qu'a formulée la cour de cassation dans les termes suivants :
« Si le tiers détenteur qui n'est pas personnellement

obligé à la dette, est toujours libre pour échapper aux
conséquences de l'action hypothécaire dirigée contre
lui par les créanciers inscrits sur l'immeuble, de leur
faire le délaissement de cet immeuble, cette faculté ne
lui appartient pas d'une manière tellement absolue
au regard du vendeur que ce dernier n'ait pas le droit
en certains cas d'en contester utilement l'exercice.
En effet, la position du tiers détenteur n'est pas la
même dans le cas où le contrat de vente ne lui impose
aucune obligation inconciliable avec le délaissement,
et dans le cas où une obligation de cette nature ayant
été stipulée, offre au vendeur le moyen de s'opposer
légitimement à un délaissement, dont les conventions
et les prévisions des parties avaient pour objet d'in-
terdire l'exercice. La position de tiers acquéreur est
encore modifiée, selon que le prix de vente qui est entre
ses mains se trouve inférieur ou supérieur au montant
des créances inscrites sur l'immeuble. Au premier cas
il est manifeste que le droit de délaisser ne saurait
être entravé par l'intervention ou l'opposition du vendeur. Celui-ci n'a contre l'acquéreur d'autre moyen
que l'action personnelle, pour le contraindre à payer
son prix. Or, dans l'espèce, il exercerait vainement
cette action, puisque le paiement du prix ne pouvant
pas dégager entièrement l'immeuble des charges qui
le grèvent, laisserait encore le tiers détenteur exposé
aux suites de l'action hypothécaire. Mais, dans le
second cas, c'est-à-dire quand le prix est supérieur au
montant des créances garanties par les hypothèques,
il doit en être autrement. La simple exécution du contrat par le paiement du prix, suffit alors pour libérer
l'immeuble et désintéresser tous les créanciers inscrits.

Par suite, le vendeur qui a le droit incontestable de
poursuivre cette exécution contre l'acquéreur peut nécessairement intervenir pour contraindre son débiteur
à payer le prix convenu et à faire disparaître par ce
paiement, toutes les causes d'un délaissement dont
rien ne justifie la nécessité (1).

De même, le tiers détenteur ne pourrait plus opérer
le délaissement quoique le montant des charges
hypothécaires excédât le prix de l'immeuble, si les
créanciers lui avaient fait savoir qu'ils l'acceptent et
donnaient mainlevée complète de leurs inscriptions.

Dans ces conditions, si on permettait à l'acquéreur
de délaisser et de refuser son prix, ce serait lui permettre sans motifs de violer la loi de son contrat.

2° *Formalités du délaissement.* — L'art. 2174 du
Code civil, nous indique quelles sont les formalités que
l'on doit accomplir pour opérer le délaissement.

Le tiers détenteur doit faire une déclaration au
greffe du tribunal de la situation des biens, et le tribunal donne acte de cette déclaration. Cette déclaration devra être signifiée aux créanciers qui ont fait
sommation de payer ou délaisser, pour les avertir
qu'ils ont à cesser leurs poursuites contre le tiers détenteur. Pareille signification devra être adressée au
vendeur originaire pour l'informer de l'éviction que va
subir son acquéreur et dont il est garant.

En opérant le délaissement, le tiers détenteur en
abandonne la détention matérielle ; c'est pourquoi on
nomme un curateur à cet immeuble délaissé. Le cura-

(1) Cass., 1er juillet 1850 et 28 avril 1874.

teur est nommé par le tribunal sur la requête du plus diligent des intéressés.

C'est aussi contre le curateur que l'on procédera à la vente de l'immeuble, suivant les formalités prescrites pour les expropriations. Ce curateur figure seul dans les poursuites ; le tiers détenteur y reste étranger, ainsi que le débiteur originaire. On ne saurait, en effet, mettre en cause le tiers détenteur, puisqu'il a délaissé précisément pour se soustraire aux ennuis de la saisie. Quant au débiteur originaire, il est inutile de l'impliquer dans la procédure, puisqu'il a cessé d'être propriétaire et que la poursuite est essentiellement dirigée contre le propriétaire. Toutefois, les jugements rendus et les actes passés avec le concours du curateur seront opposables au tiers détenteur et au débiteur originaire.

*Effets du délaissement.* — La principale question qui s'élève sur les effets du délaissement est celle de savoir à qui on doit attribuer la propriété de l'immeuble délaissé. Des divergences se sont élevées parmi les auteurs; nous les étudierons et nous exposerons quelles sont les conséquences qui en résultent, et quel intérêt pratique il y a à adopter l'une ou l'autre des opinions qui sont en présence.

Si nous consultons l'ancien droit, nous voyons que ses interprètes les plus autorisés décident que le tiers détenteur qui délaisse n'abandonne que la détention de l'immeuble, et reste propriétaire et possesseur jusqu'à l'adjudication. « Il faut prendre garde, nous dit « Loyseau, que celui qui délaisse l'héritage pour les « hypothèques, ne quitte pas absolument la propriété « et la possession d'icelui, comme au vrai déguerpis-

« sement, mais seulement il en quitte la simple déten-
« tion et occupation..... D'où il résulte que le délaisse-
« ment par hypothèque a même effet que la cession de
« biens, après laquelle le cessionnaire ne perd point la
« propriété de ses biens jusqu'à ce qu'ils aient été
« vendus » (1). — Pothier n'est pas moins formel. « Le
délaissement, dit-il, n'est que de la détention et n'ex-
proprie pas celui qui l'a fait jusqu'à l'adjudication ; il
est toujours, jusqu'à ce temps, en son pouvoir de conserver l'héritage qu'il a délaissé, en payant les dettes
pour lesquelles il est hypothéqué et tous les frais. »

Le Code civil ne tranche pas expressément la question, mais nous croyons qu'il n'a pas voulu déroger à
l'ancien droit. Nous sommes d'autant plus fondés à
admettre cette manière de voir, que tous les effets du
délaissement que les art. 2173 et 2177 consacrent
étaient déjà signalés par Loyseau comme des conséquences de ce que le tiers détenteur restait propriétaire jusqu'à l'adjudication.

Des auteurs ont cependant soutenu que le délaissement opère translation de propriété. Ils invoquent à
l'appui de leur opinion l'art. 2172, qui exige chez le
délaissant la capacité d'aliéner ; or, à quoi bon prescrire cette condition, disent-ils, si le délaissement n'é-
tait pas une aliénation. Cet argument n'est pas probant ; nous avons vu précédemment que si le législateur voulait que le délaissant eût la capacité d'aliéner,
c'était parce qu'il considérait cet acte comme étant de
nature à compromettre les droits du tiers détenteur, et
que le délaissement conduisant à l'aliénation, il a

(1) LOYSEAU : *Déguerpissement*, liv. VI, ch. VII, nos 1 et 3.

pensé que la capacité d'aliéner devait exister dès le début de l'opération.

On a tiré un second argument de l'art. 2177, § 1. Ce texte suppose que le tiers détenteur avait des servitudes et des droits réels sur l'immeuble avant d'en avoir fait l'acquisition. Lorsqu'il en était devenu propriétaire, ces servitudes et droits réels s'étaient éteints par application de la maxime : « Nemini res sua servit. » Or, l'art. 2177, § 1, déclare que ces servitudes *renaissent* après le délaissement : donc, conclut-on, c'est que par le délaissement le tiers détenteur a cessé d'être propriétaire rétroactivement.

A cela, je répondrai que si l'acquisition était véritablement résolue par l'effet du délaissement, comme on le soutient, il faudrait logiquement déclarer que la propriété fait retour sur la tête du débiteur ; que dès lors on devrait procéder contre lui à l'expropriation et non contre un curateur, dont on ne conçoit plus l'utilité. D'autre part, si nous consultons le § 2 de l'art. 2177, nous y trouvons un argument à l'appui de notre interprétation. Ce texte suppose que pendant le temps qui s'est écoulé entre l'acquisition de l'immeuble par le tiers détenteur et son délaissement, celui-ci a constitué sur cet héritage des hypothèques au profit de ses créanciers personnels ; puis la loi déclare que ces créanciers hypothécaires du délaissant pourront se faire colloquer à l'ordre ouvert pour la distribution du prix de vente, après les créanciers qui sont inscrits sur les précédents et selon leur rang d'hypothèque. Or, si le tiers détenteur a pu constituer des hypothèques sur l'immeuble délaissé, sans que le délaissement les fasse disparaître, c'est qu'évidemment la propriété ne lui est pas enlevée rétroactivement ; car si la propriété était résolue rétroactivement, les hypothèques tomberaient comme ayant été constituées *a non domino* (1).

Il nous reste maintenant à expliquer l'art. 2177, § 1, qu'on nous oppose. Nous avons dit que le délaissement a pour base de respecter le droit réel des créanciers hypothécaires ; les créanciers ne peuvent donc exiger le délaissement que dans la mesure où il est nécessaire pour le libre exercice de leur droit hypothécaire. Or, les servitudes que le tiers détenteur avait sur l'immeuble avant d'en avoir fait l'acquisition étaient opposables aux créanciers du vendeur, et puisque l'hypothèque ne portait pas sur cette portion de l'immeuble, le tiers détenteur n'avait pas à la respecter. Lors de l'adjudication, ses servitudes renaîtront, les créanciers hypothécaires ne pouvant vendre l'immeuble qu'en en faisant déduction (2).

*Conséquences pratiques.* — La discussion à laquelle nous venons de nous livrer n'est pas purement doctrinale ; il y a un intérêt pratique à admettre telle ou telle opinion. C'est ce que nous allons faire ressortir ;

(1) C'est ce que Loyseau admettait déjà : « Puis donc que celui qui fait le délaissement demeure seigneur de l'héritage jusqu'à l'adjudication du décret, il s'ensuit que les hypothèques, servitudes et charges foncières qu'il a imposées sur l'héritage demeurent jusqu'alors, et que partant, ses *créanciers doivent être mis et colloqués en leur ordre au décret.* » — Loyseau : *Déguerpissement*, liv. VI, ch. vii, n° 6.

(2) « Pareillement, dit Loyseau, il faut tenir qu'après le délaissement, les hypothèques et servitudes que l'acquéreur avait sur l'héritage, auparavant son acquisition, et qui avaient été confuses par le moyen d'icelle, reprennent leur force et vertu. » Loyseau, *loc. cit.*, n° 7.

et nous verrons avec quelle facilité notre théorie explique le Code civil, et comme elle est en harmonie avec ses dispositions.

Si nous supposons que le tiers détenteur se repent de son délaissement, avec notre système d'interprétation, nous expliquons naturellement la faculté que l'article 2173 lui donne de reprendre l'immeuble en payant les frais : c'est, en effet, une conséquence de ce qu'il n'a pas cessé d'être propriétaire tant que l'adjudication n'a pas eu lieu. Cette solution, au contraire, ne se comprend pas dans l'opinion de ceux qui admettent que le délaissement produit aliénation (1).

Si l'adjudication a été faite pour une somme supérieure à celle qui est nécessaire pour désintéresser les créanciers hypothécaires, à qui faut-il attribuer l'excédant? -- Pour nous, nous déclarons que cet excédant appartient au tiers détenteur. Dans l'opinion que nous combattons, on devrait l'attribuer au débiteur originaire, puisque le délaissement a résolu la propriété du tiers détenteur. L'art. 2173 consacre notre solution.

Si le tiers détenteur se rend adjudicataire, pour nous il n'y a que confirmation de la propriété, et toute transcription est inutile. Si, au contraire, on admet que le délaissement a opéré aliénation, il faut soumettre le tiers détenteur qui se rend adjudicataire à l'obligation de faire transcrire.

---

(1) Il faut même aller plus loin et admettre que si, après le délaissement, le vendeur vient à dégrever l'immeuble des charges hypothécaires, il pourra contraindre le tiers à reprendre l'immeuble et exécuter le contrat de vente. C'est ce qu'a admis la jurisprudence. — Bourges, 24 mars 1847 et 2 avril 1852 ; Riom, 8 décembre 1852. — Voy. LOYSEAU, *loc. cit.*, n° 4.

Si l'immeuble délaissé vient à périr par cas fortuit dans le temps qui s'écoule entre le délaissement et l'adjudication, pour qui sera la perte? — Ce sera, suivant nous, pour le délaissant. Dans l'opinion contraire, ce sera pour le débiteur originaire.

Si l'adjudication est tranchée au profit d'un tiers, nous déclarons que les servitudes du tiers détenteur renaissent. D'autre part, l'acquéreur est l'ayant-cause du délaissant et non du débiteur : par conséquent, s'il y a éviction, c'est contre le délaissant qu'il devra diriger son recours.

Enfin si le jugement d'adjudication n'est pas transcrit, ce sont les tiers qui tiendront leurs droits du délaissant qui pourront opposer le défaut de transcription.

## § V

*De l'Expropriation*

Lorsque dans les trente jours qui suivent la sommation qui lui a été faite de payer ou délaisser, le tiers détenteur n'a pas opté pour l'un des partis que nous venons d'étudier, les créanciers hypothécaires ont le droit de faire vendre sur lui l'immeuble qui est affecté à la garantie de leurs créances.

Cette vente se poursuit dans les formes et selon les règles établies pour les expropriations forcées. Nous ne pouvons les exposer ici ; ce serait sortir du cadre de cette étude ; nous nous bornerons donc à renvoyer aux articles où le législateur a traité cette matière.

## SECTION II

**Règles communes aux différents partis que peut prendre
le tiers détenteur**

Dans notre première section nous avons vu les
règles spéciales à chacun des différents partis que peut
prendre le tiers détenteur. Dans cette seconde section,
nous nous proposons de réunir et d'étudier les règles
qui leur sont communes. Nous les classerons sous trois
chefs, qui feront l'objet chacun d'un paragraphe.

§ I. — Des comptes à régler entre le tiers détenteur
et les créanciers, au sujet des impenses et détériorations.

§ II. — Détermination de l'attribution des fruits.

§ III. — Des recours que le tiers détenteur peut
exercer après le délaissement.

## § I

*Des comptes à régler entre le tiers détenteur et les créanciers, au
sujet des impenses et détériorations*

L'article 2175 du Code civil statue sur cette question,
le texte déclare que le tiers détenteur est tenu de
réparer le préjudice résultant des déterminations qu'a
subies l'immeuble, par suite de son fait ou de sa négligence.

Par cette disposition, le Code civil déroge à l'ancien
Droit.

Nos anciens auteurs n'admettaient pas, en effet, cette conséquence de l'action hypothécaire. « Le tiers a pu user et disposer à son plaisir et volonté, dit Loyseau, de l'héritage qui était sien et qu'il avait loyalement acquis, sans savoir qu'un autre y prétendit droit. Ce que j'estime être vrai, supposé même qu'il sût bien que l'héritage était hypothéqué (1). »

Cette doctrine a sa source dans la clandestinité des hypothèques. Aussi, décidait-on que le tiers détenteur devenait responsable des détériorations qu'il pouvait faire subir à l'immeuble, dès le jour où il avait officiellement connaissance de l'hypothèque par l'action en déclaration d'hypothèque que le créancier hypothécaire dirigeait contre lui. Notre législateur ayant admis le principe de la publicité des hypothèques, il fallait pour être logique édicter la disposition de l'article 2175.

La loi ne rend cependant pas le tiers détenteur responsable de toutes les détériorations que peut subir l'immeuble, mais seulement de celles qui proviennent de son fait ou de sa faute ; quant à celles qui arrivent par cas fortuit elles ne lui sont pas imputables ; elles auraient pu se produire alors même que l'immeuble serait resté entre les mains du débiteur, le tiers détenteur ne doit donc pas les supporter.

Voyons maintenant si, inversement le tiers détenteur ne peut avoir certains droits à opposer aux créanciers hypothécaires. L'art. 2175 du Code civil, déclare que le tiers détenteur peut répéter ses impenses et améliorations aux créanciers hypothécaires, mais

(1) LOYSEAU, *op. cit.*

seulement jusqu'à concurrence de la plus-value ;
recherchons quelle est la portée de cette décision.

Que faut-il entendre par *impenses ?* Dans l'ancien
Droit on distinguait plusieurs espèces d'impenses. Il y
avait d'abord les impenses d'entretien ; elles se sol-
dent par un prélèvement sur les fruits, elles sont une
charge de la jouissance et par conséquent elles ne
donnaient pas lieu à une indemnité. En second lieu,
il y avait les impenses voluptuaires ; ce sont celles qui
embellissent l'immeuble, le rendent plus agréable mais
sans en augmenter la valeur ; elles ne donnaient pas
lieu à indemnité. On permettait seulement d'enlever
l'amélioration produite lorsqu'on pouvait le faire sans
causer de dégradations. Pour les dépenses utiles, on
remboursait la plus-value qu'elles procuraient et les dépenses nécessaires se remboursaient en totalité.

Que devons-nous décider sous l'empire de notre législation ? En permettant aux tiers détenteurs de
réclamer les impenses qu'ils ont faites sur l'immeuble
le Code a voulu faire une application de ce principe
que, personne ne doit s'enrichir aux dépens d'autrui.
Or, si on permettait aux créanciers, de toucher intégralement le prix provenant de la vente de l'immeuble
qui leur était hypothéqué, sans tenir compte au tiers
détenteur de ses impenses, il y aurait violation de ce
principe ; le Code n'a pas admis ce résultat, et il ne
pouvait pas l'admettre.

Nous déciderons donc que les impenses d'entretien
ne donneront pas lieu à une indemnité, parce qu'elles
sont la charge de la jouissance, nous dirons qu'il en
sera de même pour les dépenses voluptuaires parce
qu'elles n'augmentent pas la valeur de l'immeuble, par-

tant, ne sont pas une source de profit et d'enrichisse-
ment pour les créanciers. Quant aux impenses utiles
au contraire nous admettrons qu'elles seront la source
d'une indemnité, jusqu'à concurrence de la plus-value
qu'elles procureront à l'immeuble. Que décider relativement aux dépenses nécessaires ? Il est d'abord certain qu'autant qu'elles augmentent la valeur de l'immeuble, le tiers détenteur pourra en demander le
remboursement jusqu'à concurrence de la plus-value.
Mais ne faut-il pas aller plus loin, et décider que ces
dépenses devront être remboursées en totalité et non
seulement jusqu'à concurrence de la plus-value
qu'elles procurent à l'immeuble ?

Des auteurs estiment que ces dépenses, comme les
dépenses utiles, ne peuvent jamais donner lieu à une
indemnité supérieure à la plus-value. Ils invoquent le
texte de l'art. 2175 à l'appui de leur opinion. Le législateur, disent-ils, emploie deux expressions pour désigner les dépenses qui donneront lieu à une indemnité :
*impenses* et *améliorations ;* s'il emploie deux mots
différents c'est qu'il a en vue deux idées distinctes.
Par amélioration il entend les impenses utiles, et par
impenses il veut désigner les dépenses nécessaires. Et
l'art. 2175 décide que ces deux genres de dépenses *ne*
donneront lieu à une indemnité *que* jusqu'à concurrence de la plus-value.

Nous admettrons avec la jurisprudence que les impenses nécessaires pourront être recouvrées pour le
tout, par le tiers détenteur et non seulement jusqu'à
concurrence de la plus-value. C'est qu'en effet le tiers
détenteur conserve par ces dépenses le gage des créanciers, il faut donc dire qu'il les enrichit d'une somme

égale à leur valeur et que c'est cette somme qu'il pourra réclamer.

A quel moment faudra-t-il se placer pour apprécier la plus-value? A notre avis, ce sera au jour de l'adjudication, car ce sera à ce moment que l'on verra si réellement il y a une plus-value. Le montant de cette plus-value sera en général déterminé par la différence entre le prix d'adjudication et le prix d'acquisition. Cependant si le tiers détenteur était un acquéreur à titre gratuit il faudrait employer un autre moyen pour déterminer quelle est l'indemnité qui lui est due pour ses améliorations ; ce moyen serait à mon avis une expertise.

Comment le tiers détenteur fera-t-il valoir son droit à une indemnité ?

Les auteurs sont partagés sur cette question. Les uns donnent au tiers détenteur un privilége, les autres une action *de in rem verso*, d'autres enfin lui accordent un droit de rétention.

Nous repousserons tout d'abord l'opinion des auteurs qui veulent accorder au tiers détenteur un privilége analogue à celui que l'art. 2103 donne à l'architecte. Ce système, en effet, n'est pas admissible. Si on admet l'existence d'un privilége, il faut le sou· mettre à l'inscription, la publicité étant une règle essentielle de notre régime hypothécaire. Or, comment la fera-t-on cette publicité ; quand cette inscription se fera-t-elle ?

D'autre part, il ne faut pas perdre de vue que chez nous les priviléges sont de droit étroit ; qu'on ne peut les créer sans texte et par analogie. Or, ici, nous n'avons pas de texte qui crée un privilége, donc on ne peut en reconnaître un.

Dans un second système on soutient que le tiers détenteur a un droit de rétention sur l'immeuble. A l'appui de cette opinion on invoque le droit romain qui accordait formellement le droit de rétention au tiers détenteur poursuivi hypothécairement (1). Dans l'ancien droit les jurisconsultes refusaient, il est vrai, le droit de rétention, mais ils accordaient un privilége. Toutefois l'ordonnance de 1667 semble avoir admis un droit de rétention au profit du tiers détenteur : « Celui qui a été condamné, lisons-nous dans cette ordonnance, à délaisser la possession d'un héritage, en lui remboursant quelques sommes, espèces, impenses ou améliorations, ne peut être contraint à quitter l'héritage qu'après avoir été remboursé. » D'autre part, si nous nous plaçons au point de vue des principes, nous nous trouvons bien dans un cas où il y a lieu au droit de rétention. Nous avons en effet ici un *debitum cum re junctium*, c'est-à-dire une créance qui est née à l'occasion de l'objet dû. Le droit de rétention repose sur ce principe que l'on ne doit pas s'enrichir aux dépens d'autrui ; celui qui réclame un immeuble sans payer les impenses qui ont été faites à l'occasion de cet immeuble demande quelque chose qui ne lui appartient pas ; il est donc juste qu'on donne au possesseur le droit de retenir l'immeuble jusqu'au paiement des impenses. Or, c'est précisément le cas que nous envisageons. De même que l'on admet que dans le cas de l'art. 555 du Code civil, le possesseur de bonne foi qui a fait des impenses sur le fonds dont il est évincé a un droit de rétention, de même on doit admettre que le

---

(1) L. 29, § 2, *De pign. et hypoth.* D., 20, I.

tiers détenteur qui a fait des impenses sur l'immeuble hypothéqué qu'il délaisse doit avoir aussi un droit de rétention. Le droit de rétention qui est basé sur l'équité, est aussi le seul qui sauvegarde suffisamment les droits du tiers détenteur ; et nous allons voir que la voie de recours que l'on a imaginée au profit du tiers détenteur est insuffisante et qu'elle a conduit à la contradiction certains auteurs qui ont voulu y remédier.

Ce moyen de recours, qui forme un troisième système sur la question que nous discutons, serait une action de *in rem verso*. Le tiers détenteur, dit-on, ne saurait avoir de droit de rétention pas plus qu'un privilége, la loi ne lui accorde pas ce droit ; tout ce qu'elle lui donne c'est une créance ordinaire. Contre qui existe cette créance, évidemment contre les créanciers hypothécaires comme cela ressort du texte de l'art. 2175 qui ne fait allusion qu'à eux seuls. Le tiers détenteur a pour débiteurs les créanciers hypothécaires ; il n'a contre chacun d'eux aucun droit réel sur l'immeuble qu'il a été obligé de délaisser et par conséquent sur le prix en provenant, mais il y peut prétendre du chef des ses débiteurs selon l'art. 1166 du Code civil. De là pour lui le droit de faire saisie-arrêt entre les mains de l'adjudicataire, jusqu'à concurrence du montant des sommes que lui doivent les créanciers hypothécaires ses débiteurs ; mais comme le même droit appartient aux créanciers des créanciers hypothécaires, le prix qu'il a saisi devra être partagé au marc le franc entre lui et les autres créanciers saisissants (1).

(1) MOURLON : *Examen critique du commentaire de M. Troplong*, t. II, nᵒ 232.

Nous n'admettons pas ce système. On repousse le droit de rétention parce que le légataire ne l'accorde pas expressément ; mais si on étudie le droit de rétention, on est conduit à reconnaître que sur ce sujet le législateur n'a pas formulé de théorie ; il l'accorde dans certains cas où se trouvent réunies certaines conditions ; or, pourquoi ne l'admettrions-nous pas dans l'hypothèse que nous discutons où nous voyons réunies toutes ces conditions, comme nous l'avons démontré. D'autre part, le système qu'on nous propose est très insuffisant puisqu'il oblige le tiers détenteur à subir le concours des créanciers de ceux qui fournissent le délaissement. Des auteurs se sont si bien rendu compte de ce vice de ce système qu'ils ont dit que le tiers détenteur pourrait faire inscrire dans le cahier des charges une clause par laquelle il serait obligé, pour obtenir le délaissement, de payer directement le tiers détenteur. Mais ne voit-on pas qu'il y a là inconséquence et contradiction ; et qu'on ne fait plus du tiers détenteur un simple créancier ordinaire, mais qu'en définitive on lui reconnaît un droit de rétention.

## § II

### *Détermination de l'attribution des fruits*

Il est de principe que les fruits appartiennent au propriétaire de la chose qui les a produits ; l'hypothèque qui pourrait être constituée sur un fonds n'y déroge pas, car elle n'enlève pas la jouissance au débiteur. Si le propriétaire de l'immeuble hypothéqué l'aliène, l'acquéreur pourra donc valablement percevoir les fruits. Mais lorsque le droit hypothécaire sera mis en mouvement, il viendra changer cet état de chose, il mettra obstacle à l'acquisition des fruits. Or, à quel moment peut-on dire que le droit hypothécaire est exercé, que les fruits cessent de pouvoir être perçus par le détenteur et doivent être attribués aux créanciers ?

L'art. 2176 du Code civil nous dit que le tiers détenteur doit les fruits à partir du jour de la sommation de payer ou de laisser. Mais si nous rapprochons cette solution de celle que donne l'art. 682 du Code de procédure civile nous constatons une différence. Ce texte décide, en effet, que dans le cas de saisie, poursuivie contre le débiteur personnel, les fruits sont immobilisés à partir du jour de la transcription de la saisie.

Que faut-il conclure de là ? Faut-il dire que l'article 682 du code de Procédure postérieur en date à l'article 2176 a détruit ce dernier en ce qui concerne la saisie ? Ou bien faut-il admettre que la sommation produit à l'égard du tiers détenteur, les mêmes effets que la transcription de la saisie vis-à-vis du débiteur personnel, de telle sorte que lorsque l'expropriation est dirigée contre un tiers détenteur l'immobilisation se produit du jour de la sommation, tandis que si elle est dirigée contre le débiteur dont l'immeuble est hypothéqué c'est du jour de la transcription que les fruits sont immobilisés ?

Des auteurs ont soutenu que dans les deux cas l'immobilisation des fruits ne devait avoir lieu qu'à partir de la transcription de la saisie. L'article 2176, allègue-t-on, ne dit pas que les fruits sont immobilisés à partir de la sommation, mais seulement qu'ils sont *dûs*. Les fruits perçus entre le jour de la sommation faite au tiers détenteur de payer ou de délaisser et celui de la transcription sont meubles et doivent être distribués par contribution au marc le franc entre tous les créanciers tant chirographaires qu'hypothécaires et privilégiés (1).

Cette solution n'est pas admissible. Jamais les créanciers chirographaires ne sauraient prétendre aux fruits puisqu'à leur égard l'aliénation faite par leur débiteur est valable.

Il faut décider que la sommation de payer ou délaisser produit les mêmes effets que la transcription de la saisie. On ne peut dire qu'il y a contradiction entre les articles 2176 du code civil et 682 du code de Procédure civile, puisque ces textes prévoient des hypothèses distinctes, l'un le cas de saisie poursuivie contre le débiteur personnel, et l'autre contre le tiers détenteur. La différence de cette situation suffit à expliquer la différence des solutions.

L'article 2176 décide que la sommation de payer ou délaisser ne produira les effets que nous venons de voir, qu'autant qu'elle sera suivie de poursuites hypothécaires dans les trois ans ; sinon il y aura prescription et on devra donner une nouvelle sommation. Ce délai de trois ans que fixe l'article 2176 est bien le délai ordinaire de la prescription, mais ce n'est pas à dire que nous nous trouvons ici en face d'une véritable prescription. Celle de l'article 2176, en effet, s'opère de plein droit, sans demande par le seul effet du laps

---

(1) TARRIBLE, rép. de Merlin, v° *Tiers détenteur*.

de temps, tandis que la prescription ordinaire d'instance n'est acquise qu'autant qu'elle a été demandée par la partie intéressée.

## § III

*Des recours que peut avoir le tiers détenteur évincé par l'exercice du Droit de suite.*

L'article 2178 du Code civil nous dit que le tiers détenteur qui est évincé à la suite de l'exercice de l'action hypothécaire a une action en garantie, pour se faire indemniser.

L'éviction est évidente lorsque le détenteur s'est laissé exproprier ; l'éviction a encore lieu au cas où il délaisse et où l'immeuble est exproprié contre le curateur, et ce, alors même qu'il se serait rendu adjudicataire. C'est que dans cette dernière hypothèse, bien qu'il conserve la propriété de l'immeuble et soit réputé ne l'avoir jamais perdue, ce n'est pas en vertu de son titre d'acquisition, et par conséquent il devra avoir un recours en garantie contre son vendeur qui n'a pas exécuté les obligations qu'il avait contractées. Le tiers détenteur subit encore une éviction lorsqu'il paie les créanciers pour éteindre leur droit et conserver l'immeuble, alors qu'il avait déjà payé entre les mains de son vendeur le prix stipulé dans l'acte de vente. Que si au contraire, ce prix n'avait pas encore été versé entre les mains du vendeur lorsque le tiers détenteur paie les créanciers hypothécaires, il n'y aurait pas lieu à recours en garantie de ce chef.

Dans tous ces cas d'éviction le tiers détenteur peut

se faire indemniser. Ce nest que justice. Le tiers détenteur, en effet n'est pas débiteur personnel de la dette, ce n'était donc pas à lui à la payer. Que si il a désintéressé le créancier, il doit avoir un recours contre le véritable débiteur.

Ce recours il pourra l'exercer d'abord par l'action en garantie, conformément aux règles des articles 1625 et suiv. si son titre l'y autorise. Mais un recours de ce chef n'est pas toujours possible ; nous devons donc nous demander si le détenteur n'aurait pas de recours à d'autres titres.

Le tiers détenteur ne doit-il pas avoir un recours comme gérant d'affaires ? Il le semble bien, puisque en payant la dette d'autrui, il a procuré un avantage au débiteur qu'il a libéré ; il a donc fait son affaire. Des auteurs ont cependant soutenu que le tiers détenteur ne devait pas avoir l'action *negotiorum gestorum*, parce qu'il ne réunit pas les conditions exigées par l'art. 1372. Le texte, dit-on, n'accorde l'action de gestion d'affaires qu'à celui qui a *volontairement* géré l'affaire d'autrui ; dans notre cas, il faudrait que le tiers détenteur eût payé spontanément la dette, pour garantie de laquelle son immeuble était hypothéqué ; or, il n'en est rien ; le paiement qu'il a fait n'était qu'un paiement forcé, donc il n'y a pas lieu à appliquer l'art. 1372.

Nous n'admettons pas cette solution ; l'interprétation que l'on donne des expressions de l'art. 1373, est inexacte, à notre avis. Le législateur n'a employé l'expression « volontairement » que pour distinguer les obligations qui naissent *quasi ex contractu* de celles qui naissent de la loi, obligations qui se confondaient

en droit romain. Dans les obligations qui naissent de
la loi, la volonté des parties n'intervient pas ; les obligations qui dérivent des quasi-contrats supposent un
acte dans lequel figure la volonté des parties. Or,
dans notre cas, on peut dire que le paiement était volontaire, puisque le tiers détenteur avait un choix entre
plusieurs partis.

On fait une autre objection qui est la suivante : En
payant, dit-on, le tiers détenteur n'a d'autre but que
de conserver l'immeuble et de s'affranchir des poursuites hypothécaires ; c'est donc son affaire qu'il fait,
et non celle du vendeur ; par conséquent, il n'y a pas
géstion d'affaires. Cet argument n'est pas probant.
Lorsque le tiers détenteur paie, ce n'est pas dans l'intention de gratifier le débiteur : il n'agit pas *animo
donandi* à son égard, donc il veut l'obliger. Par conséquent, nous admettons que le tiers détenteur aura un
recours du chef de gestion d'affaires.

Une troisième voie de recours est ouverte au tiers
détenteur, elle provient de la subrogation, et lui est
accordée par l'art. 1250 § 2 et § 3 du Code civil. Le
législateur permet de payer la dette d'autrui et il accorde
à celui qui le fait un recours contre celui qui a profité
du paiement ; c'est le principe de l'action de gestion
d'affaires, que nous venons de voir. Mais cette action
peut être insuffisante pour garantir au tiers qui a payé,
le remboursement de ses avances. On conçoit sans
peine qu'il lui serait beaucoup plus avantageux de
pouvoir exercer toutes les actions qu'avait l'ancien
créancier, de pouvoir profiter de toutes les sûretés
qu'avait ce dernier. Le législateur permet aux parties d'atteindre ce résultat, moyennant certaines con-

ditions édictées dans l'art. 1250. Il y a même certaines hypothèses qui lui ont semblé tellement favorables qu'il a accordé de plein droit la subrogation. Or, nous trouvons précisément un de ces cas dans la matière qui nous occupe. L'art. 1251 § 2, décide que l'acquéreur d'un immeuble hypothéqué, qui emploie le prix de son acquisition au paiement des créanciers hypothécaires, sera subrogé aux droits et actions de ceux-ci. L'acquéreur serait encore subrogé, quoique ayant déjà payé son prix entre les mains de son vendeur, s'il désintéressait les créanciers hypothécaires avec ses deniers personnels. D'autre part, nous trouvons dans l'article 1250 § 3, le principe d'autres cas de subrogation. Ce texte accorde la subrogation à toute personne qui étant tenue avec d'autres ou pour d'autres au paiement d'une dette, avait intérêt à l'acquitter. Or, le tiers détenteur d'un immeuble hypothéqué est tenu de payer la dette pour sûreté de laquelle l'hypothèque a été consentie (art. 2168, Civ.); il est tenu pour un autre puisque le paiement qu'il fait lui permettra d'exercer un recours contre ceux qui sont garants de l'éviction (article 2178), et contre ceux qui étaient aussi tenus de la dette hypothécaire ; enfin, il a intérêt à acquitter la dette, puisque ce n'est qu'en payant qu'il peut rester en possession de son immeuble. Nous trouvons ainsi réunies toutes les conditions prescrites par la loi, pour qu'il y ait subrogation ; nous pouvons donc dire que le tiers détenteur qui paie aura un recours du chef de la subrogation.

Nous constatons donc qu'en principe, trois voies de recours sont ouvertes au tiers détenteur poursuivi hypothécairement, mais ce n'est pas suffisant. Nous devons

rechercher si tous les tiers acquéreurs ou détenteurs
d'immeubles hypothéqués auront les trois actions
cumulativement, ou seulement l'une ou quelques-unes
d'entre elles ; quels avantages ils auront à exercer
l'une de préférence aux autres. Nous allons essayer de
résoudre ces questions, et pour cela nous nous placerons
à trois points de vue. Nous examinerons dans quels cas et
à quelles conditions ces voies de recours peuvent être
exercées; — contre qui; — et, enfin, quel sera le montant
de la condamnation à intervenir sur chacune d'elles.

PREMIÈRE QUESTION. — *A quelles conditions seront
données ces voies de recours?* — Les voies de recours
dont nous venons de constater l'existence, au profit du
tiers détenteur, étant basées sur des principes différents, il en résulte qu'elles exigeront, pour leur exercice, des conditions différentes. Les recours fondés sur
la gestion d'affaires et sur la subrogation dérivent
d'une idée très large. Les relations entre créanciers et
débiteurs sont généralement difficiles, et, d'autre part,
il est de l'intérêt social que la meilleure harmonie règne
entre les membres d'une même nation. C'est pourquoi
le législateur voit avec faveur tous les moyens qui
tendent à l'extinction des dettes ; c'est pourquoi il
se montre bienveillant vis-à-vis de ceux qui contri-
buent à ce résultat dans un but honorable, et les en-
courage en leur accordant plus facilement des voies
de recours. C'est ce que nous voyons dans le cas qui
nous occupe. Le tiers détenteur n'aura pas, en règle
générale, à satisfaire à autant de conditions lorsqu'il
invoquera la gestion d'affaires ou la subrogation que
lorsqu'il agira par la voie de la garantie. En effet, toutes
les fois qu'il y aura eu paiement direct ou indirect, il

pourra y avoir lieu d'exercer un recours, soit en vertu d'une gestion d'affaires, soit en vertu des principes de la subrogation.

Pour conférer les avantages de la subrogation le paiement devra porter sur les dettes hypothécaires mais sur celles-là seules. Le tiers détenteur n'est en effet obligé qu'à celles qui grèvent la chose par lui acquise. Si donc le créancier avait quant aux garanties hypothécaires divisé sa créance de manière que telle fraction portât sur un immeuble différent resté ou non aux mains du débiteur, et telle fraction sur l'immeuble aliéné, le tiers détenteur tenu hypothécairement et non personnellement n'aurait à lui offrir que le montant de la créance inscrite sur l'immeuble par lui acquis. Et le créancier ne pourrait prétendre que le paiement de sa créance ne doit pas se faire d'une manière indivisible, qu'il ne peut être contraint de le recevoir séparément par parties. Le tiers détenteur, en effet, n'étant obligé en cette qualité qu'aux dettes hypothécaires est tout à fait étranger aux portions de la même créance inscrites sur des immeubles autres que celui qu'il détient. Si la créance est divisée quant à son paiement, ce n'est que la conséquence du droit de suite hypothécaire et des obligations imposées au tiers détenteur. Si on suppose, par exemple que le capital est inscrit sur un immeuble, et que les intérêts non conservés de droit par l'inscription du capital sont inscrits sur un autre immeuble, il suffira au tiers détenteur d'offrir le capital avec les intérêts de deux années et la courante, moyennant quoi il sera subrogé de plein droit (1).

(1) Cass., 21 déc. 1836; *Sirey*, 37, I, 54.

Des auteurs ont décidé que pour que le tiers détenteur fût recevable à invoquer la subrogation il fallait qu'il eût payé les créanciers inscrits, mais que s'il s'était laissé exproprier il ne devrait avoir aucun recours de ce chef. Je n'admettrai pas cette opinion ; même au cas où le tiers détenteur s'est laissé exproprier ; je crois qu'il peut se prétendre subrogé aux droits et actions des créanciers hypothécaires. Nous trouvons, en effet, dans ce cas la réunion de toutes les conditions prescrites par l'article 1250 § 3. Le tiers détenteur en effet a désintéressé les créanciers avec le prix d'adjudication, et ce prix lui appartenait puisqu'il était propriétaire de l'immeuble d'où il est provenu, et d'autre part il était obligé de payer ces créanciers d'une dette dont il était tenu pour d'autres. Par conséquent il y aura lieu à un recours avec subrogation même en cas d'expropriation.

Lorsqu'il s'agira au contraire de l'action en garantie, il faudra d'autres conditions. La garantie en effet doit être due en vertu du titre. Ainsi il n'y aurait pas lieu à recours de ce chef si le tiers détenteur était un acquéreur à titre gratuit, ou si tenant ses droits d'un contrat à titre onéreux il y avait dans ce contrat une clause de non-garantie.

Nous trouvons cependant l'action en garantie possible alors qu'un recours à un autre titre ne pourrait être exercé. Ainsi lorsque le tiers détenteur a délaissé, jusqu'à l'adjudication, il peut demander à son aliénateur de venir le défendre soit en faisant cesser les poursuites au moyen d'un paiement, soit en prouvant la nullité ou l'extinction des hypothèques. Dans le même cas il serait impossible d'invoquer une gestion d'affaires ou la subrogation.

DEUXIÈME QUESTION — *Contre qui ces actions peuvent-elles être intentées ?* Il pourra arriver que le débiteur principal ne soit pas l'auteur du tiers détenteur, ou bien qu'il y ait un débiteur principal, des cautions, et d'autres personnes détenant des immeubles affectés hypothécairement au paiement de la même dette ; il faut alors se demander contre qui le recours sera dirigé. Nous allons voir que suivant l'action qui sera mise en mouvement on pourra attaquer l'une ou l'autre de ces personnes.

Dans les cas où l'action en garantie est possible le tiers détenteur pourra l'exercer contre son auteur, il pourra même atteindre les auteurs précédents, à la condition que la cause d'éviction soit antérieure à l'acte par lequel la personne à qui on demande garantie s'est dessaisie.

L'action *negotiorum gestorum* pourra être dirigée contre quiconque a profité du paiement : tel est le principe. Nous allons en faire quelques applications.

Il est d'abord certain que le débiteur principal pourra toujours être atteint par l'action de gestion d'affaires : il a profité du paiement qu'a fait le tiers détenteur, puisque ce paiement l'a libéré vis-à-vis de ses créanciers.

L'action de gestion d'affaires pourra-t-elle être dirigée contre les cautions ? Je ne le crois pas. Le tiers détenteur est une caution réelle ; or, lorsqu'une caution a payé une dette dont elle était tenue avec d'autres cautions, la loi lui accorde contre ces derniers un recours, non pas pour la totalité de la dette, mais seulement pour la part dont chacune était tenue. Comme le recours fondé sur la gestion d'affaires a lieu pour le tout, il faut en conclure que lorsque une caution demande sa part à une autre caution, elle n'agit pas en invoquant une gestion d'affaires. Pour que le tiers détenteur puisse se faire indemniser par les cautions, il faudrait donc que nous eussions un texte analogue à l'art. 2023. Or, ce texte n'existe pas, et par conséquent il faut décider que le tiers détenteur ne peut pas agir contre les cautions.

S'il y avait plusieurs immeubles affectés à la même dette, et si le tiers détenteur de l'un de ces immeubles payait la dette, pourrait-il recourir contre les autres par l'action *negotiorum gestorum?* En payant la dette pour sûreté de laquelle les immeubles étaient hypothéqués, le tiers détenteur a fait l'affaire de tous les autres détenteurs, puisqu'il a libéré leurs immeubles ; j'admettrai donc qu'il aura contre eux un recours du chef de gestion d'affaires (1).

Nous avons vu qu'il y a certains cas où le tiers détenteur ne peut, à cause de la nature de son titre, agir en garantie contre son auteur. Si cet auteur, cependant, était en même temps débiteur personnel, le tiers détenteur pourrait alors recourir contre lui par l'action *negotiorum gestorum.*

Il nous reste à voir contre qui pourra être dirigé le recours avec subrogation. La subrogation a pour effet de conférer au subrogé les droits et actions qui étaient attachés à la créance, de le mettre au lieu et

---

(1) En ce sens, dans l'ancien Droit: d'ARGENTRE, *Cout. de Bretagne,* sur l'art. 213, n° 1 ; *Contra Renusson,* ch. v, n° 42.

place du créancier qu'il a payé. De là nous déduirons que le tiers détenteur qui a payé les créanciers sera subrogé d'abord contre le débiteur principal. C'est, du reste, ce qui ressort du texte même de l'art. 1251. Si la dette était garantie par des cautions et par d'autres hypothèques, faudra-t-il décider que le tiers détenteur sera subrogé contre la caution et contre les autres tiers détenteurs ? La question est difficile et très controversée : nous allons examiner successivement ce qui concerne le recours contre la caution et le recours contre les autres tiers détenteurs.

Le tiers détenteur peut-il recourir contre la caution ? Nous ne le pensons pas. Les auteurs qui ont soutenu l'opinion contraire ont invoqué, tout d'abord, l'art. 2170 du Code civil ; le texte décide que le tiers détenteur, qui n'est pas personnellement obligé à la dette, peut s'opposer à la vente de l'héritage hypothéqué, qui lui a été transmis, s'il est demeuré d'autres immeubles hypothéqués à la même dette dans la possession du principal ou des *principaux obligés,* et en réquérir la discussion préalable. Or, dit-on, par *principaux obligés,* il faut entendre notamment la caution ; par conséquent il faut décider que le législateur préfère le tiers détenteur à la caution ; que c'est celle-ci qui doit supporter la dette et qu'il faut permettre au tiers détenteur de recourir contre elle (1).

Cet argument n'est pas convainquant. Il faudrait, en effet, établir que la caution est un principal obligé, même vis-à-vis du tiers détenteur ; or, cette démonstration est impossible ; et nous avons vu, en étudiant

(1) TROPLONG : *Hypothèques,* t. III, 796.

l'art. 2170, que le tiers détenteur ne peut invoquer le bénéfice de discussion contre la caution. Le raisonnement de nos adversaires pèche donc par la base. A un autre point de vue, du reste, la solution que nous combattons est inadmissible, parce qu'elle est inconciliable avec l'art. 2037 du Code civil. Le texte décide que la caution est déchargée, lorsque la subrogation aux droits, hypothèques et priviléges du créancier ne peut plus, par le fait du créancier, s'opérer en faveur de la caution. De là il résulte que la loi a voulu assurer à la caution le bénéfice de la subrogation, lorsque la la créance est garantie par une hypothèque, c'est-à-dire qu'elle a voulu que la caution pût avoir recours contre tout détenteur de l'immeuble hypothéqué. La loi fait même si grand cas de ce recours, qu'elle décharge la caution si le créancier ne peut plus le lui assurer. Elle indique donc bien clairement que lorsqu'il s'agit de régler un conflit entre un tiers détenteur et une caution, c'est la caution qui doit être préférée, et que c'est le tiers détenteur qui doit payer : par conséquent, il est impossible d'admettre le tiers détenteur à recourir contre la caution.

On a essayé de répondre à cet argument. On a dit qu'il fallait interpréter l'art. 2037 par l'art. 2170. L'hypothèque dont il s'agissait dans l'art. 2037 et que le créancier devrait conserver à la caution serait celle qui frappait les biens restés en la possession du débiteur principal, mais le texte ne viserait pas les biens possédés par des tiers.

Cette distinction est absolument arbitraire ; rien, dans l'art. 2037, ne permet de l'admettre. Elle est, aussi, contraire à l'ancien droit. Pothier nous apprend que « le créancier qui fait remise de l'hypothèque au tiers détenteur perd tous ses droits contre la caution ». Cette solution doit encore être admise.

Nous admettons donc que le tiers détenteur ne peut recourir contre la caution. Du reste, le tiers acquéreur d'un immeuble hypothèque qui paie sans recourir aux formalités de la purge commet une imprudence dont il doit supporter les conséquences sans pouvoir s'en affranchir au détriment de la caution (1).

Supposons que plusieurs immeubles ont été affectés à la même dette, puis que le débiteur les a vendus. L'un des tiers détenteurs poursuivi hypothécairement paye toute la dette. Sera-t-il subrogé contre les autres tiers détenteurs ?

Tout le monde admet le tiers détenteur au bénéfice de la subrogation, c'est une application directe et forcée de l'art. 1251, § 3. Mais où naissent les divergences et les difficultés, c'est lorsqu'il s'agit de savoir pour quelle somme se fera le recours. Pour suivre le plan que nous nous sommes tracé, nous traiterons ce point dans notre troisième question, où il sera mieux à sa place.

Nous avons vu que si le tiers détenteur est un acquéreur à titre gratuit, un donateur, il ne peut exercer aucun recours par la voie de la garantie. Si, cependant, l'immeuble qui lui a été donné était affecté avec d'autres au paiement de la dette pour laquelle il

---

(1) Voy. Mourlon : *Traité de la subrogation*, pag. 84 et suiv. — Gauthier : *Des subrogations personnelles*, n° 456. — Colmet de Santerre, v. 197 *bis*, X. — Aubry et Rau, t. IV, § 321, p. 188, note 84. — Laurent, t. XVIII, p. 154, n°ˢ 123 et suiv.

subit les poursuites hypothécaires et s'il payait cette dette, il serait subrogé contre les autres tiers détenteurs.

TROISIÈME QUESTION. — *Quel sera le montant des condamnations qui pourront être prononcées sur ces actions ?*

Sur l'action en garantie la condamnation comprendra la restitution du prix, le remboursement des frais et des dommages-intérêts. (Art. 1630, C. civ.).

Sur l'action de gestion d'affaires, le montant de la condamnation sera la somme déboursée par le gérant et les intérêts : le gérant doit être indemne.

Nous avons vu qu'au cas où il y avait plusieurs immeubles affectés à la même dette, si le débiteur les aliénait et que l'un des acquéreurs payât seul le prix, il avait un recours contre les acquéreurs ou détenteurs des autres immeubles. Quel sera le montant de ce recours ? Ce recours sera proportionnel à l'intérêt que chacun de ces tiers détenteurs avait au paiement.

En exerçant le recours avec subrogation, on obtiendra le montant de la somme déboursée. Le tiers détenteur ne pourra réclamer les intérêts qu'autant que la créance elle-même en produisait.

Lorsqu'il y avait plusieurs tiers détenteurs d'immeubles hypothéqués à la même dette, nous avons vu que celui qui a payé est subrogé contre les autres.

Nous devons nous demander quels seront les effets de cette subrogation. Le tiers subrogé pourra-t-il recourir *in solidum* contre les autres, ou bien devra-t-il diviser son recours.

La question est très controversée. Nous admettrons

avec la jurisprudence et la majorité des auteurs que le recours ne pourra être fait *in solidum* (1). Cette opinion était déjà celle de Pothier, le jurisconsulte basait sa solution sur ce que, en admettant le tiers détenteur à agir pour le tout, on donnerait lieu à un circuit d'actions. Le tiers détenteur qui paierait toute la dette au détenteur subrogé, serait à son tour subrogé aux droits et aux actions du créancier, et par suite il pourrait réclamer comme subrogé, ce qu'il a payé au détenteur subrogé comme lui. Il n'y a qu'un moyen d'éviter ce circuit vicieux, c'est de diviser le recours (2).

La théorie de Pothier n'est plus admissible. Le circuit d'action n'est pas possible parce que le tiers détenteur contraint de rembourser au premier tout ce que celui-ci a payé au créancier originaire, serait uniquement subrogé contre le débiteur et les autres tiers détenteurs ; mais il ne le serait pas contre le tiers détenteur par qui il aurait été poursuivi. Celui-ci, en effet, jouait le rôle d'un créancier, puisqu'il avait succédé aux droits du créancier désintéressé ; or, la subrogation n'est jamais opposable au créancier qui a payé : *nemo contra se subrogasse videtur*. Par conséquent le tiers détenteur, subrogé au tiers détenteur par qui il serait contraint de payer, ne pourrait pas, tournant la subro-

---

(1) Voy. Douai, 27 mai 1846, Sir., 40, II, 468 ; Angers, 10 mars 1841, Sir., 41, II, 187. — Troplong : *Des hypothèques*, IV, 788. — Larombière : *Traité des obligations*, III, art. 1251. — Colmet de Santerre, V, 197. — Aubry et Rau, IV, 188, § 321. — Laurent, XVIII, p. 161, nᵒˢ 127 et suiv. — Demolombe, XXVII, p. 600. — Mourlon : *Traité des subrogations*, p. 65. — Gauthier, *Traité des subrogations*, nᵒ 468.

(2) Pothier : *Introd. au ti. XX de la cout. d'Orléans*, art. prélim., sect. 3, art. 1, § 5.

gation contre celui de qui il la tient, le forcer de rendre ce qu'il lui aurait payé.

Il ne faut cependant pas conclure de là, que sous le Code civil, le recours du tiers détenteur devra avoir lieu *in solidum*, et ne pourra être fractionné. L'équité, qui est le fondement de la subrogation, protesterait contre cette doctrine. Si, en effet, on admettait que le recours doit avoir lieu pour le tout contre l'un des tiers détenteur, on arriverait à faire supporter tout le fardeau de la dette au dernier détenteur poursuivi. Or, tous les détenteurs sont dans la même situation et il n'y a pas de motifs pour préférer l'un à l'autre. On doit donc admettre pour être juste que le recours sera fractionné.

Cette décision est du reste parfaitement conforme à l'esprit général du Code civil. Lorsque plusieurs fidéjusseurs sont tenus de la même dette, et que l'un paie, il est subrogé aux droits du créancier contre les autres. Dans quelle limite exercera-t-il le recours avec subrogation ? Dans la limite de sa part et portion virile (art. 1251 — 3°, et 2033). D'un autre coté, lorsqu'un débiteur solidaire a payé la dette entière, il ne peut, quoique subrogé à l'action solidaire du créancier originaire, recourir pour le tout contre l'un ou l'autre de ses codébiteurs à son choix. Chacun de ceux-ci, bien que débiteur solidaire vis-à-vis de l'ancien créancier, n'est tenu envers le subrogé que pour sa part et portion (art. 1251 — 3°, et 1214). Il semble donc bien résulter de là, que lorsque plusieurs personnes sont tenues d'une même dette, celle qui paie ne peut recourir contre les autres que dans la limite de leur part et portion. Or, les tiers détenteurs d'immeubles hypothèques à la

même dette, sont en quelque sorte des codébiteurs puisqu'ils sont tenus de payer la même dette; on peut
même dire qu'ils sont des cautions, sinon personnelles,
du moins réelles; il n'y a donc rien que de très
naturel à leur appliquer les principes qui régissent
les recours entre cautions ou codébiteurs.

Du reste, nous trouvons dans la loi, un autre cas
d'application du recours fractionné, qui se rapproche
encore plus de l'hypothèse sur laquelle nous discutons.
Il s'agit d'un recours entre codétenteurs. Quand un
héritier, par l'effet de l'hypothèque, a payé au-delà de
sa part d'une dette héréditaire, il est subrogé aux droits
du créancier contre ses cohéritiers. Dans quelle limite
exercera-t-il son recours ? Pour la part que chaque
cohéritier doit personnellement supporter dans la dette;
la loi (art. 875) ajoute même, qu'il en serait ainsi dans
le cas où le cohéritier qui a payé la dette se serait fait
subroger aux droits des créanciers. Ce qui prouve bien
que dans l'esprit de la loi, le recours en vertu de la
subrogation doit toujours être fractionné, lorsque celui
qui l'exerce est tenu de la dette au même titre que
ceux contre lesquels il agit. Par conséquent, le tiers
détenteur aura un recours fractionné contre les autres
tiers détenteurs.

Comment se fera ce fractionnement?

Ici encore les auteurs sont divisés. Pothier, admettait que le recours devait être fait en proportions de la
valeur de chaque héritage.

Nous ferons remarquer, qu'ici, non plus, nous n'a-
vons pas de texte; la solution que l'on doit adopter ne
peut donc que reposer que sur l'équité. Or, il nous
semble que ce qu'il y a de plus juste, c'est que chacun

contribue au paiement de la dette, proportionnellement à l'intérêt qu'il avait à son extinction : or, cet intérêt est proportionnel à la valeur de chaque immeuble. Cependant, s'il y avait un immeuble d'une valeur supérieure au montant de la dette, on ne devrait pas le comprendre dans la répartition pour sa valeur intégrale, mais seulement jusqu'à concurrence du montant de la dette, parce que c'est à ce chiffre que se limite l'intérêt qu'a le détenteur au paiement.

Le donataire n'à pas de recours en garantie contre son donateur. Cependant, si le donateur était en même temps le débiteur personnel de la dette, la donataire pourrait recourir contre lui par la subrogation aux droits du créancier acquitté. Il répétera, alors, contre son donateur tout ce qui sera payé au créancier, de la même manière que celui-ci aurait pu l'exiger de la part du donateur son débiteur personnel ; mais il ne pourra exiger du donateur ni ce que l'immeuble adjugé pouvait valoir de plus au moment de l'éviction, qu'il ne valait au moment de la donation, puisqu'il ne peut exercer d'autres droits que ceux qu'avait le créancier acquitté, et que ce créancier ne pouvait pas exiger autre chose que sa propre créance.

Enfin, si outre l'immeuble qui a été l'objet de la donation, il en avait d'autres affectés au paiement de la même dette, le donataire aurait recours contre les détenteurs de ces immeubles. Et ce recours s'exercerait de la façon que nous avons indiquée précédemment.

# POSITIONS

---

## DROIT ROMAIN

I. — Il n'a pas existé d'interdit quasi-Salvien.

II. — L'interdit Salvien est donné contre toute personne.

III. — L'action Servienne, ne peut être intentée par les créanciers à terme avant l'arrivée du terme.

IV. — Justinien, en décidant que par l'action hypothécaire, le légataire ne pourra demander à chaque héritier au-delà de ce dont il est tenu personnellement, n'a pas violé la règle de l'indivisibilité de l'hypothèque.

## DROIT CIVIL

I. — L'ascendant naturel n'a pas le droit de retour que l'art. 747, C. Civ., confère à l'ascendant légitime.

II. — Le mari peut avec le consentement de sa femme, aliéner à titre gratuit les immeubles de communauté.

III. — La séparation des patrimoines confère un véritable privilége aux créanciers héréditaires.

IV. — Le délaissement n'enlève pas la propriété au tiers détenteur.

V. — Le tiers détenteur qui a fait des impenses sur l'immeuble hypothéqué a un droit de rétention pour se faire rembourser.

VI. — Le tiers détenteur ne peut renvoyer à discuter les biens de la caution.

VII. — La caution personnelle qui détient un immeuble hypothéqué à raison duquel elle est poursuivie peut invoquer le bénéfice de discussion.

VIII. — Le tiers détenteur évincé n'est pas le subrogé contre la caution.


## PROCÉDURE CIVILE

I. — La surenchère est toujours possible après une revente sur folle-enchère.

II. — Le juge de paix, saisi d'une action mobilière dont le taux excède celui de sa compétence, est incompétent *ratione materiæ*.


## DROIT COMMERCIAL

I. — L'adjudication des biens provenant d'une faillite arrivée à la période de l'union ne, purge pas de plein droit les hypothèques.

II. — Les créanciers hypothécaires du failli, ne peuvent invoquer la déchéance du terme.

## DROIT ADMINISTRATIF

I. La loi du 23 mars 1855, n'a pas abrogé l'art. 17 de la loi du 3 mai 1841, sur l'expropriation pour cause d'utilité publique.

II. Le Conseil de préfecture, est seul compétent pour apprécier les dommages permanents, causés par l'exécution de travaux publics.

## DROIT CRIMINEL

I. Lorsqu'un accusé est jugé par contumace, la cour peut déclarer qu'il existe des circonstances atténuantes.

II. Le ministère public, ne peut poursuivre pour banqueroute, tant que la faillite n'a pas été declarée par le tribunal de commerce.

Vu et approuvé :
*Les membres de la Commission,*
L. MOUCHET, F. DESSERTEAUX.

Vu :
*Le Doyen, Président de la Thèse,*
VILLEQUEZ.

Permis d'imprimer.
Le Recteur de l'Académie de Dijon,
CHAPPUIS.

# TABLE DES MATIÈRES

# DROIT ROMAIN

INTRODUCTION. . . . . . . . . . . . . . . . . . . . . . . 1

CHAPITRE PREMIER. — Notions générales sur le droit hypothécaire . . . . . . . . . . . . . . . . . . . . . . . . . 9

Section première. — Origines de l'hypothèque. . . . . . 9

Section II. — Caractères généraux de l'hypothèque . . . 23

Section III. — De la constitution d'hypothèque. . . . . . 26

CHAPITRE II. — De l'action hypothécaire . . . . . . . . . 39

Section première. — Nature de l'action hypothécaire . . 40

Section II. — Conditions d'exercice de l'action hypothécaire. . . . . . . . . . . . . . . . . . . . . . . . . . . 44

§ 1. — A qui appartient l'action hypothécaire. . . . . 45

§ 2. — Contre qui est donnée l'action hypothécaire. . 52

Section III. — Des exceptions que le tiers détenteur peut
opposer à la poursuite des créanciers hypothécaires. . 55

§ 1. - Exceptions de priorité d'hypothèque. . . . . . 56

§ 2. — *Beneficium excussionis personale* . . . . . . . . 57

§ 3. — *Beneficium excussionis reale.* . . . . . . . . . . 59

§ 4. — *Beneficium cedendarum actionum* . . . . . . . 60

§ 5. — Droit de rétention à raison d'impenses. . . . . 61

§ 6. — Exception de prescription. . . . . . . . . . . . 61

Section IV. — Des effets de l'action hypothécaire. . . . 67

CHAPITRE III. — De l'interdit Salvien. . . . . . . . . . . 74

Section première. — Caractères de l'interdit Salvien. . . 74

Section II. — Conditions d'exercice . . . . . . . . . . . 75

§ 1. — A qui appartient l'interdit Salvien. . . . . . . 75

§ 2. — Contre qui est donné l'interdit Salvien. . . . 81

Section III. — Des effets de l'interdit Salvien. . . . . . . 88

# DROIT FRANÇAIS

GÉNÉRALITÉS . . . . . . . . . . . . . . . . . . . . . . . . 93

CHAPITRE PREMIER. — Conditions de publicité du droit de
suite . . . . . . . . . . . . . . . . . . . . . . . . . . . . 100

Section première. — Historique de la publicité du droit
de suite . . . . . . . . . . . . . . . . . . . . . . . . 101

Section II. — Réglementation de la publicité du droit de
suite . . . . . . . . . . . . . . . . . . . . . . . . . . . 109

§ 1. — Loi de brumaire an VII . . . . . . . . . . . 110

§ 2. — Code civil . . . . . . . . . . . . . . . . . . 111

§ 3. — Régime des art. 834 et 835 proc. civ. . . . . 112

§ 4. — Régime de la loi du 23 mars 1855 . . . . . . 115

CHAPITRE II. — Des aliénations au point de vue du droit de
suite . . . . . . . . . . . . . . . . . . . . . . . . . . . 125

§ 1. — Aliénations forcées . . . . . . . . . . . . . 126

§ 2. — Aliénations volontaires . . . . . . . . . . . 131

CHAPITRE III. — De l'exercice du droit de suite . . . . . . 143

Section première. — Des différents partis que peut prendre le tiers détenteur . . . . . . . . . . . . . . . . 149

§ 1. — Des exceptions que peut opposer le tiers détenteur . . . . . . . . . . . . . . . . . . . . . . . . . 150

§ 2. — De la purge . . . . . . . . . . . . . . . . . 160

§ 3. — Du paiement . . . . . . . . . . . . . . . . . 165

§ 4. — Du délaissement . . . . . . . . . . . . . . . 168

§ 5. — De l'expropriation . . . . . . . . . . . . . . 185

Section II. — Règles communes aux différents partis . . 186

§ 1. — Des comptes à régler entre le tiers détenteur et
les créanciers, au sujet des impenses et détériorations 186

§ 2. — Détermination de l'attribution des fruits. . . 193

§ 3. — Des recours que peut avoir le tiers détenteur
évincé par l'exercice du droit de suite . . . . . . . 196

Dijon, Imp. Carré.

www.ingramcontent.com/pod-product-compliance
Lightning Source LLC
Chambersburg PA
CBHW070500200326
41519CB00013B/2652